新生徒指導ガイド

開発・予防・解決的な教育モデルによる発達援助

八並光俊・國分康孝 編集

図書文化

> 推薦文

現代的な人間観に基づく生徒指導への挑戦
悪を超克する倫理・道徳を育てるには

森田　洋司
日本生徒指導学会会長
大阪樟蔭女子大学学長

非行指導のむずかしさ

　非行少年に対する指導のむずかしさを，非行臨床に長く携わってこられた生島浩先生（福島大学教授）はこう言います。「非行を繰り返す子どもたちは，日常生活の中で自尊心がずたずたにされ，さらに『悪』とかかわりが強い状態で，行動や性格のコア（核）が形成されてしまっている。彼らを取り巻く現在の環境も非常に厳しい。このような状況でどうやったら立ち直りを図っていけるだろうか」（生徒指導学会2007年大会・シンポジウム）。

　教育学に基づいた生徒指導では，非行を行った子どもたちに対して，あるべき人間像や社会正義，道徳，倫理という社会的な「善」を流し込んでいこうというスタンスがあります。ところが深い問題を抱えている少年にとって，「善」や「あるべき人間像」で迫られることは，いまある自分の存在が否定されることになり，抵抗したり，内面は変わらないまま「その場しのぎに合わせておく」という態度をとりがちになってしまいます。

　これとは別の非行臨床もあります。「いま出来上がっているあなたはあなたとして，それは仕方がない」と存在をまず認めます。もちろん「そのままでいい」というわけではありません。存在を認めながら，あらためて自分を見つめ直す作業をさせるのです。そのうえで，「さあ，どういう方向へもっていけばいいのかな」と指導していくのです。

　このように，悪をいったん受け入れてみると，規範的な世界がもつ弱さや現実から浮く部分が見えてきます。彼らが逆照射してくれるのです。そういうものを認めながら子どもたちにかかわっていく姿勢が，人間に迫る生徒指導のあり方だと思います。

揺れを前提に，悪に対する耐性を育てる

　逸脱性の大きい例を取り上げましたが，一般的な子どもたちに対しても，同じようなことがいえるでしょう。従来の非行要因をすべて体現しているのが現代っ子の精神構造です。例えば，自他境界のあいまいさ，手段と目的を考えない刹那的な発想（コンサマトリー）などの言葉で表現されます。加えて現実社会では，教育学が「善」としているものとは違う大人の姿があふれています。こうした実態にある子どもたちは，「善なる意思↔悪への意思」あるいは「社会とつながろうとする意思↔はずれていこうとする意思」というような両極の間を，日々揺れ動いているといえます。

　だからこの揺れ動きをとらえてアプローチする手法が生徒指導では非常に大事です。これからの社会の担い手を育てるには，社会性を単に善なるものではなく，悪への耐性，つまり「揺れ動く中で善を選択すること，悪への意思から善なる意思へ切りかえること」と考えるべきでしょう。むずかしいことですが，現実の子どもたちや社会に根ざし，この耐性を構築していくために，指導者は非常に柔軟で，包容力の高い迫り方をしなければいけません。子どもを受容すると同時に，彼らをある意味では否定しながら迫るのです。

「一般化された他者」によって自我が支えられる

　いまの子どもたちは，口では「自分らしさ」「自分なりの」と表現しますが，中身は空洞化しています。そのぶん自己愛が強いのも特徴です。しかし自己愛が対象とする中身は，他者のまなざしによってつくられた自我です。

　他者のまなざしは気まぐれで移ろいやすく，それに支えられた自我もまた振り回されます。たとえ安定したまなざしを得ても，別のまなざしが来ると脆くもくずれ去ってしまいます。仲よしグループで連れだって手洗いには行っても，家に帰ると泥だらけの手でおやつをつかむ子どもたち。みんながだれかをいじめているときに「自分はいじめない」という行動をとれない子どもたちなど，たくさんの場面が思い浮かびます。

　このような自我構造をもつ現代の子どもたちには，他者のまなざしから一歩越えたところに，自分の視点の中心軸，自我の羅針盤をつくらなければなりません。社会学では「抽

象的な第三者のまなざし」「一般化された他者」といいます。

　私たちは現実の人間関係で，他者とかかわりながら自分を形成していきます。そして実際の人間関係を越えて，これはこうあるべきだ，こういうときにはこうするべきだ，こういうときにはこういう人々の期待の中で自分はこう動かなければいけないと，「一般化された他者」（G. H. ミード）を形成していきます。これが社会性の第一歩であり，俗に「世間様の目」とか「お天道様」といわれるような社会規範につながります。

自己肯定をバネに

　この一般化された他者を育てるにはまず「あなたは○○であるべきだ」と抽象的に言うのではなく，日常の規範に照らすといい面も悪い面も両方とも受け止め，子どもの存在そのものを肯定することから出発します。これがよくいわれる「自己肯定」につながります。

　次に「空洞化している自己」を埋めるために，肯定できる「いい要素」や「可能性のある要素」を引き出していきます。「ほめる」ことを手段として使いますが，ほめるのが目的ではありません。子どもの揺れ動きの「いい面」をバネにして，「まなざしに揺れ動かない自我」を形成するために，ほめたり，いいところを評価したりします。

　こうして一般化された他者を形成し社会とつながることで，「善なる意思」と「悪なる意思」を越えた自分を構成して，空洞化していた自己の中身をつくりだすのです。

生徒指導が前提とする人間観とは

　どのような学問でも，まず基本的な人間観の構築が前提になります。例えば，犯罪者の人格を想定するところから出発しないと，犯罪行動を読み解けません。社会学では社会学的人間像，ホモソシオロジクスを，経済学はホモエコノミクスを構成しています。だから「生徒指導学的人間観」があっていいのです。

　私の人間観はこれまで述べたように，「もともと人間は善と悪の両面をもっている」というものです。「悪」を肯定するわけではありませんが，善悪の間で揺れ動きながら，状況を越えた「一般化された他者」を自分の中に築いていく。「一般化された他者」を築き

上げることで，さらに自己肯定感が増幅され強いものになっていきます。「状況の中での自己」だけでは弱かった自我が，ほんとうの強さ，社会に生きる人間のしたたかさになっていくのです。いわば「悪を飲み込んだ，悪を超克した倫理・道徳・善」が内在化されていくメカニズムです。生徒指導では，子どもたちにこのような自我を形成していくべきだと思います。そのうえに自己決定等々は，いろいろ積み上げていけばよいのです。

　生徒指導では，土台になる「哲学的な人間の存在論に立脚した人間像」をつくり上げていく必要があります。生徒指導は子どもたちに「規範や倫理，道徳」を形成することが前提ですから，「倫理」「道徳」が何なのか，存在の中でどのような意味があるのかということを，問いかけなければいけません。昭和40年，文部省（当時）から出された『生徒指導の手びき（手引）』は一定の人間観をもっていました。それを現代社会にすり合わせていくことが一つの大きな課題です。

「社会」「集団」という視点による新たな可能性

　カウンセリングは悪を受容する姿勢をもっています。ただし受容するだけで終わってしまうこともまま見られます。例えば，不登校の子どもを個別にカウンセリングをして，一定の成果を見せたとしても，もとの集団に戻すことはきわめてむずかしい。むしろ集団や社会の中でやっていけるものを，子どもから引きずり出しながら，集団の中へ接合していくという視点が欠かせません。集団や社会の中での人間のあり方にどう迫っていくのかというのが最も大事なところだろうと思います。

　いま生徒指導が直面している課題に対して，教育社会学を十分に熟知されている八並光俊先生と，カウンセリング心理学が専門でありながらグループでのかかわりを大事にして「社会へ引っ張り出す」という視点をおもちの國分康孝先生が編纂された本書は，生徒指導の新たな分野を切り開くでしょう。

　　平成20年　夏

> はじめに

「一日生きることは，一歩進むことでありたい」*
——物理学者の故湯川秀樹先生の座右銘——

八並　光俊
東京理科大学教授
文部科学省視学委員

　本書の執筆にあたり，個人的な経緯を簡単に述べてみたい。
　1980年代も終わろうとしていた大学院時代は，フランスの著名な社会学者デュルケムの理論を中心に，逸脱行動論の研究やアメリカの少年非行理論の研究を行っていた。
　20代後半で大学教員になってからは，生徒指導を中心に研究を続けてきた。その背景には，私自身がいじめられっ子の不登校経験者であったことや，高校から大学院までずっと奨学金を受けていたことなどがあったと思う。同じような境遇にいる子どもや保護者の役に立つ学問や実践はないのかというのが，そもそもの出発点であった。
　大学院時代は「生徒指導は学問ではない」「生徒指導に理論はない」という時代であった。大学教員になりたてのころは文部省の『生徒指導の手引（改訂版）』がバイブルといわれ，坂本昇一先生が現場をリードされていた。教育現場の実態を見聞しながら，生徒指導関係の書籍や論文を読みあさり，生徒指導体制に関する研究を独学・手探りで行ってきた。
　1990年に，転機が訪れた。文部省の在外研究員として，アメリカ・インディアナ大学ブルーミントン校に留学する機会に恵まれた。留学中に，"Guidance and Counseling" と出会い，「これが生徒指導だ」と確信した。翌年日本に戻ると，教育職員免許法が一部改正され，1990年度大学入学生から，「生徒指導，教育相談及び進路指導等に関する科目」（2単位）が必修化された。そのときの正直な感想は，「教育現場では，生徒指導は学習指導と並ぶ重要な教育活動であるが，大学教育では準拠する学問もテキストもない状況で，だれが，どう教えるのだろうか」であった。
　その後，1995年から文部科学省のスクールカウンセラー配置事業が開始され，臨床心理学が脚光を浴びた。生徒指導でも，カウンセリング色が一気に強まり，臨床心理学を基盤

＊湯川秀樹『外的世界と内的世界』239頁，岩波書店，1976年

とした教育臨床や学校カウンセリングと銘打った書籍が多く刊行された。1998年東京大学の藤田英典先生のもとに国内留学したとき，筑波大学の石隈利紀先生と生徒指導について議論した。翌年，石隈先生が『学校心理学』を出版され，「学校心理学」や「チーム援助」が注目され，教育現場の生徒指導実践に大きなインパクトを与えた。

　それから10年の間に，児童殺傷事件，猟奇的な殺人，親殺し・子殺し，自殺，学校内外での暴力行為，恐喝行為を伴う悪質ないじめ，ネットいじめ，発達障害の二次障害としての不登校，ネットや携帯電話を介した性非行，犯罪被害，児童虐待，薬物乱用など，子どもの問題行動も多様化し，学校だけの対応では不可能なケースが増えた。もはや福祉的対応，医療的対応，法的対応を含めたトータルな専門的援助が求められる時代となった。では，生徒指導がこのような時代のニーズに応えるには，いったい，何が必要だろうか。

　私は，おもに中学校現場の教員と共同で生徒指導研究を行いながら，文部科学省の不登校や問題行動関連の調査研究委員，教育委員会や学会主催の現職教員研修に数多くかかわってきた。現在，日本生徒指導学会会長にして，いじめ研究の第一人者である森田洋司先生とも，文部科学省の委員会でご一緒に仕事をした。また，内閣府の少年非行対策の調査研究委員として，省庁横断型の行政施策の検討にかかわっている。さらに，児童自立支援施設の公教育に関する研究も，専門とはいえないが守備範囲である。

　その中で，大学教員，現場教師，教育委員会指導主事，関係機関職員，保護者と意見交換をして，強く感じるのは，「生徒指導とは何か」という基本中の基本に関する共通理解があやふやであることである。それから生徒指導についての過去から現在までの調査・研究・実践の成果，中央・地方教育行政施策に関する知識の低さである。この２点が，校内の協働的実践，関係機関との行動連携，生徒指導の専門化の阻害要因になっていると思う。

　そこで，一度基本に立ち戻って，「生徒指導とは何か」という共通理解を図り，地固めをすることが大切である。また，生徒指導の研究成果や実践を見直し，効果的な実践や教育施策の創造を図る必要があると思う。

　このような思いの中，2007年明治大学の諸富祥彦先生の依頼で，日本教育カウンセリング学会で，國分康孝先生，諸富先生，私の３名で「生徒指導と教育カウンセリング」というテーマで対談を行った。立ち見が出る盛況ぶりに驚いた。それが契機となって，カウンセリング心理学の第一人者である國分先生のご指導・ご助力を仰いだ。

　本書が，将来の生徒指導研究や教育実践の一助になることを心より願っています。最後に，本書の刊行に際して，ご協力をいただいた執筆者の皆様と，終始あたたかい励ましと実務面でご助力をいただいた図書文化の東則孝氏には，心から感謝しております。

　　　平成20年　夏

『新生徒指導ガイド』
開発・予防・解決的な教育モデルによる発達援助

●

もくじ

推　薦　文◇現代的な人間観に基づく生徒指導への挑戦 ……………2
はじめに◇「一日生きることは，一歩進むことでありたい」………6

第1章　生徒指導の基礎概念　　　　　　　　　　　　　11
1　これまでの生徒指導とこれからの生徒指導 ……………12
2　生徒指導のねらい「個別の発達援助」 ……………………16
3　生徒指導のゴール「パーソナルプラン」 …………………18

第2章　生徒指導で育てるコンピテンシー　　　　　　　21
1　コンピテンシーとは ……………………………………………22
2　生徒指導で育てたいコンピテンシー ……………………24
3　キャリア教育で育むコンピテンシー ……………………26

第3章　アセスメント　　　　　　　　　　　　　　　　31
1　なぜアセスメントか ……………………………………………32
2　データベースを活用した分析的アセスメント ……………38
3　集団の理解からコンサルテーションへ ……………………44
4　発達障害の理解から支援計画へ ……………………………50

第4章　ガイダンスカリキュラム　　　　　　　　　　　55
1　ガイダンスカリキュラムとは ………………………………56
2　ガイダンスカリキュラムの全体像 …………………………60
3　ガイダンスカリキュラムのプランニング …………………66
4　ガイダンスカリキュラムの授業案と授業展開 ……………72
5　ガイダンスカリキュラムの成果の検討 ……………………78

第5章　個別カウンセリング　　　　　　　　　　　　　85
1　子どもへの個別カウンセリング ……………………………86

         2　保護者への個別カウンセリング …………………………90
         3　ブリーフカウンセリング ………………………………94
         4　解決焦点化アプローチ …………………………………96
         5　現実原則に直面させるカウンセリング技法 ……………98

第 6 章　組織的な連携　　　　　　　　　　　　　　　　　　101

         1　生徒指導体制 ……………………………………………102
         2　チーム援助プロセス ……………………………………106
         3　サポートチーム …………………………………………108
         4　コーディネーション ……………………………………110
         5　教育相談コーディネーター ……………………………112
         6　スクールソーシャルワーカー …………………………114

第 7 章　担任の日常的な生徒指導　　　　　　　　　　　　　117

         1　学級経営 …………………………………………………118
         2　学習指導 …………………………………………………122
         3　保護者連携 ………………………………………………126

第 8 章　生徒指導上の諸問題　　　　　　　　　　　　　　　131

         1　規律指導 …………………………………………………132
         2　いじめ ……………………………………………………136
         3　不登校 ……………………………………………………140
         4　暴力行為 …………………………………………………144
         5　性非行 ……………………………………………………148
         6　虐待 ………………………………………………………152
         7　危機対応・危機介入 ……………………………………156

結語 …………………………………………………………………160

コラム
　非行臨床家からみた非行少年の特徴 ……………………………10
　生徒指導とスクールカウンセリング ……………………………20
　児童自立支援施設における学校教育 ……………………………30
　子どもの自殺予防 …………………………………………………84
　少年非行にかかわる少年法 ………………………………………100
　学校にもち込まれる苦情への対応 ………………………………116
　問題行動と関連法規等の理解の重要性 …………………………130

資料◇アセスメントに役立つ教育・心理検査 ……………………54

コラム　非行臨床家からみた非行少年の特徴

村尾泰弘　立正大学教授

　筆者は家庭裁判所等で非行臨床に携わってきた。ここでは，非行臨床家の立場から非行少年の特徴やその対応について私見を論じてみたい。

●非行少年──加害者でありながら被害者意識が強い少年たち

　非行少年たちのなかには，再犯を繰り返し，罪の意識がほとんど深まらないようにみえる少年がいる。彼らには，もちろん理屈のうえでは悪いことをしたという自覚はある。では，なぜ罪の意識が深まらないのだろうか。

　彼らと面接をすると，ある特徴に気づく。「僕は運が悪い」「友達が悪かった」など，あたかも自分が被害者であるかのような態度が目立つのである。つまり，彼らは罪を犯した加害者でありながら，心のなかでは被害者意識が強いのである。この被害者意識ゆえに，罪悪感が深まらないのだ。非行少年の心理の理解とカウンセリングのポイントは，まさにこの点にある。

　さて，彼らの心のなかが被害者意識に満ちていることは，彼らの心が「傷つき体験」を繰り返してきたからだといえる。「親に虐待された，裏切られた」「教師に不当に扱われた」。こういった心の傷に対しては，カウンセリング的な手法で対応することになる。

　しかし，非行少年たちは，神経症者と違って激しい行動化が伴う。問題行動や犯罪を繰り返し，治療者と少年の間に出来上がった信頼関係をすぐに壊してしまう。そのため，内省は深まらないのである。この行動化に対する配慮が，非行カウンセリングの第一の特色である。

　こう考えると，行動化に対する対応として，行動規制を課す必要があることが理解できるだろう。ところが，カウンセリング的な治療は，本人の自由意志を尊重するのが原則である。これは，ある種の矛盾である。すなわち，非行臨床家には，少年に行動規制を課す役割と，少年の自由意志を尊重するという二つの役割が求められ，その相克に常に悩まされることになる。

　これは「ダブルロールの問題」とよばれるもので，非行臨床の最大の課題であるともいえる。優れた臨床家は，この二つの要請をいかにうまく調和させうるかということに，自分なりの手法や考え方をもっているともいえるだろう。

●他罰的姿勢と自己決定の原則

　非行臨床において留意しなければならない点のひとつとして，筆者は「行動規制を課すがゆえに，だからこそ，肝心なことは自分で決定させる」という自己決定の原則を貫くことが大切だと考えている。

　例えば，少年が「転校してもよいですか」と許可を求めてきたとする。これに対してどのように対応すればよいのだろうか。

　少年の実情を真摯に考えて，「転校したほうがよい」あるいは「転校しないほうがよい」と答えればよいのだろうか。「したほうがよい」「しないほうがよい」のいずれの結論を出しても問題が生じる。

　転校を許可した場合，転校先で事態が悪くなったとき，少年はこう言う。「あなたが転校しろと言ったからこうなった」。また逆に，転校を許可しなかった場合は，事態が悪くなると少年はこう言うのである。「あなたが転校させてくれなかったからこんなことになった」。いずれの場合も臨床家が悪者になってしまい，少年は被害者的立場に逃げ込んでしまう。

　非行少年の行動化の背景には，他罰的姿勢がみてとれる。だからこそ，本人が自分の力で決定できるようにサポートする必要が出てくるのである。そして，その結果がうまくいけば本人をほめ，うまくいかなければ内省の材料にする。自己決定なくして責任感は生まれない。ひいては，加害者意識も深まらないのである。

第1章

生徒指導の基礎概念

第1節 これまでの生徒指導とこれからの生徒指導

これまでの生徒指導機能論の理念を踏まえて，生徒指導の仕事に関する専門的援助サービス論を発展させ，生徒指導のアカデミックな基盤づくりと実践の基準づくりを行う必要がある。

●──生徒指導機能論から専門的援助サービス論へ

「生徒指導のバイブル」と呼ばれた手引書がある。現在では，教育関係者の多くは目にしたことがない。

文部省の『生徒指導の手びき』(1965年)ならびに『生徒指導の手引(改訂版)』(1981年)の冒頭には，「生徒指導は，学校がその教育目標を達成するための重要な機能の一つである。」と書かれている。生徒指導は，教科，道徳，特別活動のような教育課程を構成する領域ではなく，すべての教育活動に働きかける「機能」であるという意味である。これは「生徒指導機能論」と呼ばれてきたが，この「機能」という表現は，抽象的でわかりにくい。それに対して，同上書（改訂版）では，生徒指導の具体的な意義として，次の5点をあげている（文部省，1981，P.1-6）。

①生徒指導は，個別的かつ発達的な教育を基礎とするものである。
②生徒指導は，一人一人の生徒の人格の価値を尊重し，個性の伸長を図りながら，同時に社会的な資質や行動を高めようとするものである。
③生徒指導は，生徒の現在の生活に即しながら，具体的，実際的な活動として進められるべきである。
④生徒指導は，すべての生徒を対象とするものである。
⑤生徒指導は，総合的な活動である。

これらは，いまの生徒指導でも十分に通用する理念といえる（後掲，※参考資料参照）。しかし，「機能」という表現によって，「生徒指導は何をするのか」という素朴な疑問がつきまとってきたのではないだろうか。学校現場の生徒指導は，いじめ，校内暴力，不登校を中心に，さまざまな生徒指導施策のもとに，多様な実践がなされてきた。その間に，学校外の適応指導教室（教育支援センター），フリースクール，NPO等の民間団体の努力と

　　文部省『生徒指導の手びき』1965年
　　　　　　　　文部省『生徒指導の手引（改訂版）』1981年

第1節●これまでの生徒指導とこれからの生徒指導

図1：生徒指導の理念と仕事としての生徒指導の関係

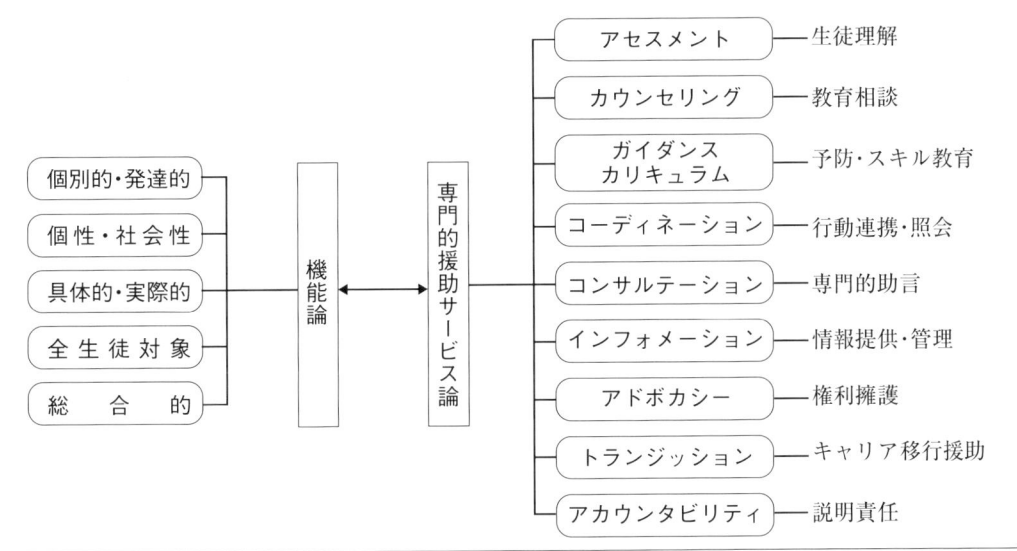

挑戦が続けられた。また，既存のスクールカウンセラーに加えて，スクールソーシャルワーカーといった新しい非常勤の専門職の配置事業が，文部科学省によって開始された。

「生徒指導」という用語が，ニュース記事や多くの人々の間で使われるようになったが，保護者や子どもから「生徒指導とは何ですか」「何をするんですか」と問われて，説明できる教育関係者はどのくらいいるのだろうか。個人的な意見としては，きわめて少ないと思う。ほとんどは，実践からのイメージ，つまり依然として「問題行動や非行対応＝生徒指導」という受け止め方が強い。生徒指導の原点を振り返れば，生徒指導が，すべての子どもを対象として，一人一人の子どもの個性の発見や長所の伸長，人格の形成という積極的・開発的・創造的な活動であることは明らかである。

これからの生徒指導を構想する際に，生徒指導は何をするのか，つまり「仕事としての生徒指導」という側面を不問にするわけにはいかない。現代の深刻化・多様化・複雑化する生徒指導上の諸問題への対応を考慮すると，図1のように生徒指導機能論を背景としながら，「子どもの問題解決や夢や希望の達成にかかわる専門的な援助サービスの提供」という専門的援助サービス論から生徒指導を吟味していく必要があるだろう。具体的な援助サービスとしては，アセスメント（生徒理解），カウンセリング（教育相談），ガイダンスカリキュラム（予防・スキル教育），コーディネーション（行動連携・照会），コンサルテーション（専門的助言），インフォメーション（情報提供・管理），アドボカシー（権利擁護），トランジッション（キャリア移行援助），アカウンタビリティ（説明責任）がある。

参考文献　生徒指導研究会編『詳解生徒指導必携（改訂版）』ぎょうせい，1991年
　　　　　國分康孝編『子どもの心を育てるカウンセリング』学事出版，1997年

図2：生徒指導の体系化・実践化

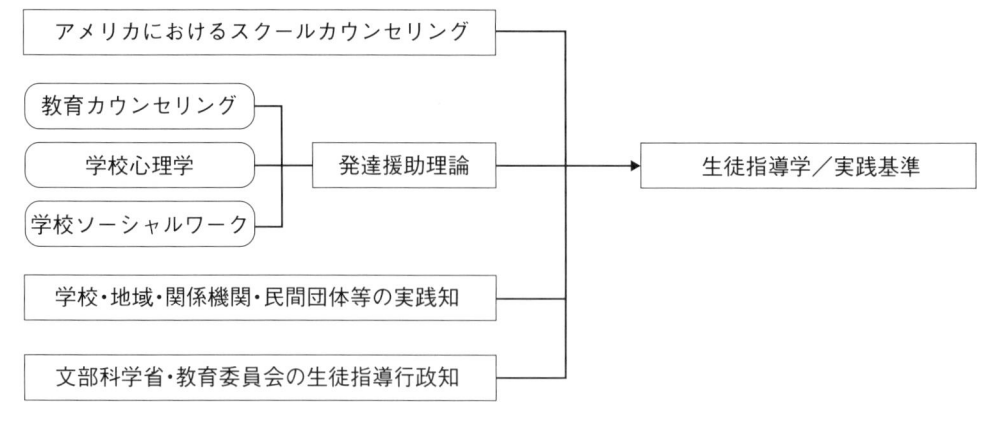

●──生徒指導実践から生徒指導学・実践基準づくりへ

　これからの生徒指導にとっても，もう一つ重要なことは，生徒指導の理論的な枠組みづくりと生徒指導実践の基準づくりである。前者は，生徒指導実践を支えるアカデミックな基盤であり，後者はそれに裏打ちされた仕事内容（専門的援助サービス）に関する職務基準である。生徒指導に関しては，これまで多くの学術書，実践書，研究論文，報告書類があるが，教育現場や大学では，「理論なき実践」といわれてきた。

　教員養成系大学・大学院において，教育臨床や学校カウンセリングという名のコースは見受けるが，生徒指導を全面に打ち出したコースはほとんどない。また，大半の大学教員や実務家教員も，生徒指導に関する専門的・系統的・実践的な教育を受けてきたわけではない。他方，教育現場においては，「習うより慣れろ」方式の実践の積み上げが，生徒指導の共通理解や協働的な実践をむずかしくしている。この状況を収束させるには，生徒指導を学問的に体系化し，職務内容を明確にする必要があるだろう。

　では，今後の体系化にむけて，どのような学問や実践知が役立つのか。私見を整理したのが図2である。アメリカの体系化・基準化されたスクールカウンセリングを参考にしながら，開発・予防に力点をおいた教育カウンセリング（カウンセリング心理学），問題状況の解決と成長促進に力点をおいた学校心理学，学校・家庭・地域社会の環境調整や社会的公正・権利擁護に力点をおいた学校ソーシャルワークなどの発達援助理論を主要な学問的基盤として，学校・地域・関係機関・民間団体等の実践から蓄積された知識や経験（実践知）と文部科学省・教育委員会の生徒指導に関する行政施策の成果（行政知）を組み入れる。生徒指導の体系化は，今後の生徒指導の大きな課題である。　　　　　［八並光俊］

　　國分康孝『カウンセリング心理学入門』PHP研究所，1998年
　　　　　　　石隈利紀「学校心理学とその動向─心理教育的援助サービスの実践と理論の体系をめざして─」『心理学評論』47（3），332-347頁，2004年

第1節●これまでの生徒指導とこれからの生徒指導

参考資料：文部省『生徒指導の手びき』と『生徒指導の手引（改訂版）』の目次一覧

生徒指導の手びき（1965年）	生徒指導の手引（改訂版）（1981年）
第1章　生徒指導の意義と課題 　第1節　生徒指導の意義 　第2節　生徒指導の課題 第2章　生徒指導の原理 　第1節　生徒指導の基盤としての人間観 　第2節　自己指導の助成のための方法原理 　第3節　集団指導の方法原理 　第4節　援助・指導のしかたに関する原理 　第5節　組織・運営の原理 第3章　青年期の心理と生徒指導 　第1節　青年期の意義 　第2節　青年期の心理的特質 　第3節　適応と精神的健康 第4章　生徒理解 　第1節　生徒指導における生徒理解の考え方 　第2節　生徒理解のための基本的資料 　第3節　生徒理解のための資料を集める方法 　第4節　生徒理解の留意点 第5章　生徒指導と教育課程 　第1節　教育課程と生徒指導との関係 　第2節　教科と生徒指導 　第3節　道徳と生徒指導 　第4節　特別教育活動と生徒指導 　第5節　学校行事等と生徒指導 第6章　生徒指導と学級担任・ホームルーム担任の教師 　第1節　生徒指導における学級担任・ホームルーム担任の教師の立場 　第2節　学級経営・ホームルーム経営と生徒指導 　第3節　学級活動・ホームルームと生徒指導 　第4節　学級担任とホームルーム担任の教師による教育相談 　第5節　学級・ホームルームにおける問題生徒の指導 　第6節　学級担任・ホームルーム担任の教師と家庭 第7章　教育相談 　第1節　生徒指導における教育相談の意義・特質 　第2節　教育相談の方法 　第3節　教育相談の限界と他機関との連絡 　第4節　教育相談を担当する教師の資質と訓練 　第5節　教育相談室の運営と施設・設備 第8章　学校における生徒指導体制 　第1節　生徒指導体制の確立 　第2節　生徒指導のための教師の研修 　第3節　生徒指導の組織 第9章　学校における非行対策 　第1節　青少年の現況と原因 　第2節　学校における非行対策 第10章　生徒指導と社会環境 　第1節　青少年の指導と環境 　第2節　青少年の健全育成活動 　第3節　青少年の保護育成活動 　第4節　非行少年の保護処分ときょう正 付　録　　○児童懲戒権の限界について	第1章　生徒指導の意義と課題 　第1節　生徒指導の意義 　第2節　生徒指導の課題 第2章　生徒指導の原理 　第1節　生徒指導の基礎としての人間観 　第2節　自己指導の助成のための方法原理 　第3節　集団指導の方法原理 　第4節　援助・指導の仕方に関する原理 　第5節　組織・運営の原理 第3章　青年期の心理と生徒指導 　第1節　青年期の意義 　第2節　青年期の心理的特質 　第3節　適応と精神的健康 第4章　生徒理解 　第1節　生徒指導における生徒理解の考え方 　第2節　生徒理解のための資料 　第3節　生徒理解のための資料を集める方法 　第4節　生徒理解の留意点 第5章　生徒指導と教育課程 　第1節　教育課程と生徒指導との関係 　第2節　教科と生徒指導 　第3節　道徳教育と生徒指導 　第4節　特別活動と生徒指導 第6章　学校における生徒指導体制 　第1節　生徒指導体制の確立 　第2節　生徒指導のための教師の研修 　第3節　生徒指導の組織とその役割 第7章　教育相談 　第1節　生徒指導における教育相談の意義と特質 　第2節　教育相談の方法 　第3節　教育相談の限界と他機関との連絡 　第4節　教育相談を担当する教師の資質と訓練 　第5節　教育相談室の運営と施設設備 第8章　生徒指導と学級担任・ホームルーム担任の教師 　第1節　生徒指導における学級担任・ホームルーム担任の教師の立場 　第2節　学級経営・ホームルーム経営と生徒指導 　第3節　学級会活動・学級指導及びホームルームと生徒指導 　第4節　学級担任・ホームルーム担任の教師による教育相談 　第5節　学級・ホームルームにおける問題生徒の指導 　第6節　学級担任・ホームルーム担任の教師と家庭 第9章　学校における非行対策 　第1節　青少年非行の現況と原因 　第2節　学校における非行対策 第10章　生徒指導と社会環境 　第1節　青少年の指導と環境 　第2節　青少年の健全育成活動 　第3節　青少年の保護育成活動 　第4節　非行少年の保護処分と矯正

若い世代のみならずベテラン教師にも『生徒指導の手びき（手引）』がどういうものか知られていないうえ，入手が困難なこと，その趣旨が現在のスクールカウンセリングに近いことを示すため，温故知新の意味を込めて紹介する。なお初版と改訂版の違いは，学習指導要領改訂による文言の変更，一部章構成（6，7，8章）の変更。

　門田光司『学校ソーシャルワーク入門』中央法規出版，2002年
　日本スクールソーシャルワーク協会編，山下英三郎『スクールソーシャルワーク―学校における新たな子ども支援システム―』学苑社，2003年

第1章●生徒指導の基礎概念

第2節

生徒指導のねらい「個別の発達援助」

生徒指導は、子ども一人一人の社会的な自己実現をめざす総合的な個別発達援助である。常に個と集団の相互作用を大切にするため、授業や学級経営の改善・開発なき生徒指導はありえない。

●──実践に結びつく生徒指導の定義

生徒指導は、「一人一人の生徒の個性の伸長を図りながら、同時に社会的な資質や能力・態度を育成し、さらに将来において社会的に自己実現できるような資質・態度を形成していくための指導・援助」（文部省，1988，P.1）である。

より実践的には、生徒指導を次のように定義するとよい。

『生徒指導とは、子ども一人ひとりのよさや違いを大切にしながら、彼らの発達に伴う学習面、心理・社会面、進路面、健康面などの悩みの解決と夢や希望の実現をめざす総合的な個別発達援助である』（八並，2008，P.142を参照）。

すなわち、生徒指導は、子ども一人一人の異なる教育的なニーズや実態（個別的）に関する生徒理解に基づいて、発達段階に応じた（発達的）、多面的な援助（総合的）を行い、個性と社会性の育成を図りながら、主体的な進路の選択・決定を促進し、すべての子どもの学校から社会へのスムーズな移行（School To Career：スクール・トゥ・キャリア）を援助する。例えば、不登校生徒の生徒指導では、教室復帰や学校復帰が問題解決のゴールではない。むしろ、当該生徒のおかれている実態を十分に把握し、生徒の人間的な成長をどのように援助し、「なりたい自分にどうなるのか」というキャリア達成が焦点となる。

●──ねらいを達成する「生徒指導の実践モデル」

生徒指導は、対象・時期などにより分類できる（実践モデルは右ページの図を参照）。

第一は、すべての子どもを対象とした問題行動の予防や、子どもの個性・自尊感情・社会的スキルの伸長に力点を置いたプロアクティブな（育てる）生徒指導である。

これは開発的生徒指導と呼ばれている。現在多くの学校で、非行防止教育、犯罪被害防止教育、構成的グループエンカウンター、ピアサポート、ソーシャルスキルトレーニング、

　文部省『生活体験や人間関係を豊かにするものとする生徒指導―いきいきとした学校づくりの推進を通じて―（中学校・高等学校編）』大蔵省印刷局，1988年
八並光俊「生徒指導」塩見邦雄編『教育実践心理学』141-153頁，ナカニシヤ出版，2008年

図：生徒指導の実践モデル

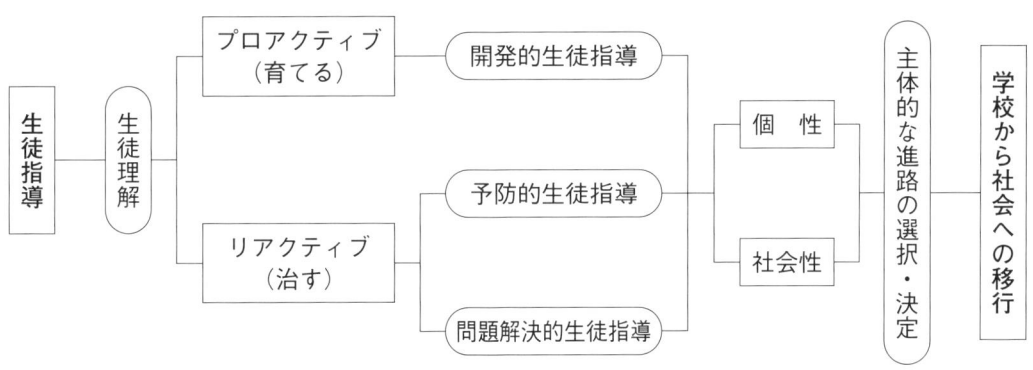

キャリア教育などが行われている。おもに学級集団に焦点をあて，集団のなかで個を育てる。もちろん学級での規律指導，道徳の時間，特別活動，総合的な学習の時間等を活用した思いやりや生き方にかかわる指導も，日常的に行うプロアクティブな生徒指導である。

　第二は，一部の気になる子どもや特定の子どもによって引き起こされた問題行動に，どのように対応するかというリアクティブな（治す）生徒指導である。

　これは，登校をしぶる，保健室に頻繁に行く，早退や欠席が目立ち始めるなど，一部の気になる子どもに対して，初期の段階で問題解決を図り，深刻な問題へ発展しないように予防する。これは予防的生徒指導と呼ばれている。

　また，いじめ・不登校・暴力行為・性の逸脱行為・薬物乱用・摂食障害・不安障害など，深刻な問題行動や悩みを抱えている特定の子どもに対して，学校や関係機関が連携して問題解決を行う。これは問題解決的生徒指導と呼ばれている。いずれも，特別な援助ニーズをもつ個に焦点をあて，個を育てる。

●──生徒指導を支える授業と学級経営

　以上のように，生徒指導の究極は子ども一人一人の社会的自己実現にあるが，そのプロセスにおいては，つねに個と集団の相互作用を大切にする（全国教育研究所連盟，1986）。例えば，授業や体験的学習を通して，子どもの自己効力感（「自分でもできる」），自尊感情（「自分は大切な存在だ」），自己理解（「自分のよさや可能性とは何か」），他者理解（「他者の違いを受け入れる」），思いやり・共感的理解（「相手の立場にたって考える」）を育成することによって，言葉や行動で助け合える支持的な学級風土がつくられる。したがって，授業開発や改善，学級経営は生徒指導と直結している。

［八並光俊］

 文部科学省の生徒指導施策や生徒指導関係略年表については，以下のURLを参照，2008年
http://www.mext.go.jp/a_menu/shotou/seitoshidou/index.htm
全国教育研究所連盟編『新しい生徒指導の視座』ぎょうせい，1986年

第3節

生徒指導のゴール「パーソナルプラン」

生徒指導の究極のゴールは，一生涯続く生徒個々の「自己実現」。その自己実現のプロセスの途上にあって，中間的かつ暫定的な目標としてそれを内側から支えるもの，それが「オリジナルの人生計画＝パーソナルプラン」である。

●──生徒指導に欠かせないパーソナルプランとは

　生徒指導の究極のゴールは，生涯続く自己実現のプロセスである。その点で，生徒指導の根幹はキャリア教育とイコールである。そして自己実現のためには，人生の節目節目において，「どんな自分になりたいのか」「どんな人生を生きていきたいのか」「どんな夢をもっていきたいのか」といった問いに自分なりの答えをもちながら生きていけるようになることが必要である。例えば，「人から信頼される人間になりたい」「だれからも愛される人生を生きたい」などである。

　これらを自己実現のプロセスに着地させるためには，中・長期的なプランニングが必要になる。具体的には，「『自分づくり』『人生づくり』『夢づくり』に関する，オリジナルの，5年以上にわたるような中長期的な計画」（＝パーソナルプラン）が欠かせない。

●──パーソナルプランの役割

　自己実現は，児童生徒が人生を完成させるまで終わることはない。ある生徒指導の達人教師はこう言った。「ほんとうの生徒指導とは，卒業までのことを考えるのではなく，子どもの30年後，50年後のことまでを考えた指導である」。

　児童生徒が上級学校に入学したり企業に入社したからといって，生徒指導の目標を達成したとはいえない。近年，入学・入社後すぐに辞める人が多い。学校の生徒指導の射程が，進学や就職までしか届いていなかったのだろう。例えば，「この高校に行く」というだけの進路指導で終わっていた中学校の生徒が，高校に行って不適応を起こせば途方に暮れてしまうだろう。

　しかし，一人一人の児童生徒が，「5年から10年，20年にわたる自分独自の人生計画＝パーソナルプラン」をもつことができ，またそのプランの根底に「自分はどんな人生を生

参考文献　「ある生徒指導の達人教師の言葉」は，諸富祥彦『7つの力を育てるキャリア教育』212頁，図書文化社，2007年

図：パーソナルプランの内容と育て方

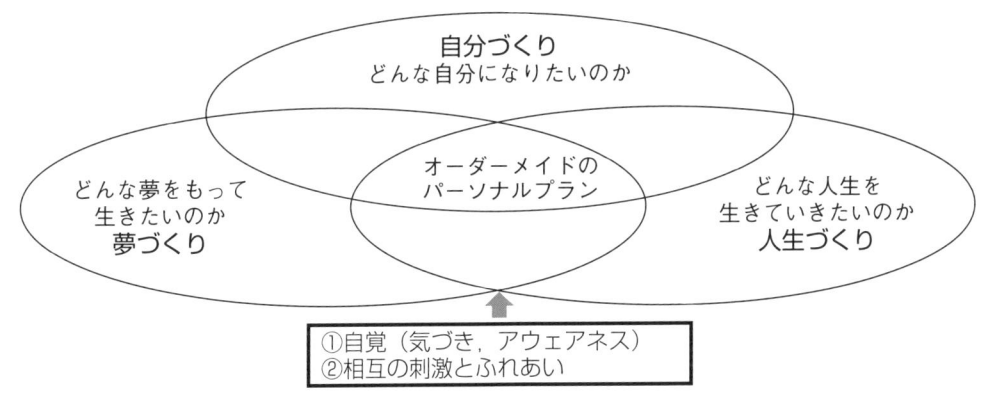

きたいか」のイメージをしっかりともつことができていれば，たとえ進学先の学校でうまくいかなくても，「この学校はたまたま自分に合わなかった。自分のパーソナルプランの実現によりふさわしい別の学校に入り直せばいい」と原点に返って考え直すことができる。企業に入って合わなければ，やり直すこともできる。「自分だけの人生物語づくり」であるパーソナルプランづくりが，生徒指導の暫定的なゴールなのである。

児童生徒がパーソナルプランに向かっていくことは，学校生活全体に大きな影響を与える。ある公立高校では，"ドリカムプラン"という名称のキャリア教育を実施していた。入学直後に，将来なりたいものが似ている生徒同士で生活班をつくり，3年間を過ごさせる。なりたいものが似ている生徒同士を一緒に生活させると，相互に刺激し合い，自分がどう生きたいかがより明確になるばかりでなく，その目標に向かっていることが高校生活全体にハリ（意欲）を与える。結果，進学実績やクラブ活動の成績がアップしたという。

パーソナルプランの形成をサポートすることで，学校生活全体のモチベーションをアップさせることができる。「なぜ勉強するのか」「なぜ部活をするのか」＝「パーソナルプランの実現のため」という目的意識がはっきりある生徒は，意欲に満ちあふれている。

●──パーソナルプランをどのように育てるか

パーソナルプランを育てる原理は「自覚」と「相互作用」である。自分がどう生きたいのかを自分で考え（自覚），次に仲間と相互にふれあいながら刺激を与え合う（相互作用）。

高校なら，入学直後から10年後，20年後の自分を語らせ，どんな人生を生きたいのか，どんな自分をつくりたいのかをイメージさせる。高校なら1年に1回ずつ合計3回，中学校なら3年間で2回，小学校なら高学年で1回程度は，パーソナルプランの自覚化を援助するエクササイズを行い，相互に本音で語り合う機会を設けるといいだろう。［諸富祥彦］

コラム　生徒指導とスクールカウンセリング―日米比較から―

高原晋一　敬愛大学カウンセラー

●アメリカのスクールカウンセラー

アメリカでは通例，教科指導を担当する教師は，日本で言う「学級担任」や「校務分掌」にあたる仕事を受けもたない。また，通常の勤務として部活動やほかの課外活動に携わることはない。「ホームルーム・ティーチャー」の仕事を担当することはあるが，それは日本の「学級担任」のような多機能の仕事ではない。教師は一般に，教科指導など単一の仕事に従事する。

アメリカの学校では，教師が各自の職務に専心できるように，スクールカウンセラーが生徒の成績管理や進路指導，また生徒指導などの雑多な校務を一手に担当し，日本の学級担任のように生徒の学校生活を援助する役割も担う。さらに，教師や保護者の相談（コンサルテーション）などの仕事も担当している。スクールカウンセラーは，各学校の規模に応じた数が配置され，学校組織の要職に位置づけられている。

いっぽう日本のスクールカウンセラーの多くは，いじめや長期欠席などの特定の問題に対処するために学校に派遣されている。スクールカウンセラー制度は，従来の学校職員組織に付加される形で導入された。これをアメリカのスクールカウンセラーにたとえることは困難である。

●危機管理としての生徒指導

アメリカのスクールカウンセリングは，「ガイダンス・カウンセリング」とも呼ばれる人的サービス（personnel service）であり，一般的に臨床心理にかかわる職域とはみなされていない。第二次大戦後に「生徒指導」の概念が日本の学校に導入されたが，これがアメリカの「ガイダンス・カウンセリング」をモデルにしたものにほかならない。本来の生徒指導は，「個人的・社会的な発達の援助」や「教育相談」を骨子としており，すべての生徒の学校生活を援助する役割である。単に生徒の規律指導を意味するものではない。

日本のスクールカウンセリングが，発生した特定の問題への介入（intervention）をおもな役割としているのに対し，アメリカのスクールカウンセラーの職務は，学校で起こり得るさまざまな問題への予防的介入（prevention）が大きな割合を占めている。

アメリカでは，災害や学校内の大きな事件のみならず，いじめや暴力，長期欠席や成績不振など，生徒のあらゆる問題を，ひろく「危機」ととらえている。問題を「起こる可能性のあるもの」と現実的にとらえ，その予防策をとり，問題が起きた場合には被害を最小限にとどめ，再発を防ぐように対処することが危機管理であり，「生徒指導」は広義の危機介入に通じている。

●学校職員の協働体制

アメリカのスクールカウンセラーが校務を担当することは，教師の負担が過重になることを防ぐことになる。また教師と生徒との「二重関係のジレンマ（dual-role dilemma）」を回避する目的もある。ほかの教師と一線を画して学習評価にかかわらないスクールカウンセラーに，生徒は安心して相談をもち込むことができる。

アメリカでは，それぞれの学校職員の仕事内容（job description）は明確に分担され，それぞれが異なる立場で学校の教育サービスに貢献する。スクールカウンセラーは，そうした学校教育チームのまとめ役（coordinator）でもある。

「ガイダンス・カウンセリング」あるいは「生徒指導」は，広い意味での危機管理にかかわる役割であり，生徒の発達を援助するものであり，人的資源のまとめ役である。文化的背景の異なるアメリカの学校体制を，そのまま日本にもち込むことは必ずしも適切とは思われないが，学校変革が論議される昨今，アメリカの学校組織のあり方には，参考にできる部分が多い。

第2章

生徒指導で育てるコンピテンシー

第2章 ●生徒指導で育てるコンピテンシー

第1節

コンピテンシーとは

コンピテンシーとは，十分な知識・判断・スキル・力などが備わっている状態，つまり能力や手腕のことである。OECDコンピテンシー定義選択プロジェクトは，幸福な人生と社会の持続的発展のために必要なコンピテンシーを確定した。

●──コンピテンシーとは何か

コンピテンシーとは，コンピテンスと同義であり，何かを行うために十分な知識・判断・スキル・力などが備わっている状態，すなわち一連の能力や手腕を意味する。

コンピテンシーを正面から議論したのは，OECDコンピテンシー定義選択プロジェクト（DeSeCo）である（OECD, 2005）。OECDは，2000年に国際教育インジケーター事業の一つとして，世界の15歳の読み・数学・理科・問題解決の領域の知識とスキルを比較するPISA査定プログラムをスタートさせた。しかし，子どもたちが幸せな人生（有給雇用，健康と安全，政治的参加，社会的ネットワーク）を歩むには，限られた教科のコンピテンシー以上に，もっと幅広いコンピテンシーが必要であると考えた。そこで1997年にライチェンらが，個人の幸福な人生と社会の持続的発展（経済生産性，民主主義，結束・平等・人権，生態学的持続可能性）をともに実現するコンピテンシーとは何かを解明するOECDコンピテンシー定義選択プロジェクトを開始し，2003年に結論を得た（中野, 2008）。

●──学業的・社会的・個人的コンピテンシー

成功する人生と正しく機能する社会に必要な主要コンピテンシーは，言語やテクノロジーなどの道具を対話的に活用する能力（学業的コンピテンシー），異質な社会集団の中で対話的に交流する能力（社会的コンピテンシー），そして人生を管理し自立して行動する能力（個人的コンピテンシー）である（次頁図）。

学業的コンピテンシーには，①言語・シンボル・テキストを対話的に使う能力，②知識と情報を対話的に使う能力，③テクノロジーを対話的に使う能力，が含まれる。これらはPISAで当初測定されたリテラシーに相当する。社会的コンピテンシーには，①よい人間関係をつくる能力，②協力する能力，③紛争を処理し解決する能力，が含まれる。個人的

OECD『*The definition and selection of key competencies : Executive summary*』2005年
中野良顯「PISAと人間形成」日本教育評価研究会『指導と評価』第54巻2月号，58-63頁，2008年

コンピテンシーには，①大きな視野で行動する能力，②生涯計画と個人事業を設計し実行する能力，③権利・利害・限界・ニーズを主張する能力，が含まれる。

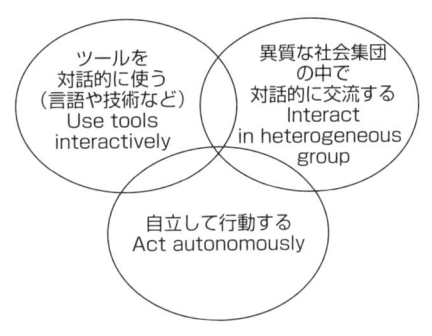

図：主要コンピテンシー

そして，これらのコンピテンシーを横断する核心部分は「内省的に思考し行動する能力」である。この内省性（レフレクティヴネス）とは，①思考過程の主体を思考の客体にするメタ認知スキル（思考についての思考），②創造的能力，③批判的思考（クリティカル・シンキング），から構成される。内省性は社会的成熟に関係する。成熟に伴い，個人は自らを社会的圧力から遠ざけ，異なる視点をもち，独立して判断し，自らの行動に責任をもてるようになる。内省性も含めてコンピテンシーは，児童期から成人期へと時間をかけて徐々に発達するが，そのための学習機会が意図的・継続的に提供されなければならない。

主要コンピテンシーと内省能力の選択基準は，①社会の視点からだけでなく個人の視点からみて価値ある結果を生み出す能力，②どんな場面で出される要求をも解決するために使える能力，③特定の専門家ではなくすべての個人にとって価値ある能力，だった。何のためのコンピテンシーかといえば，個人の幸福を実現するための能力であるとしたところに，このプロジェクトの重要な意義があった。

● ── 学習指導要領とコンピテンシー

OECDの主要コンピテンシーは，2008年の学習指導要領改訂に影響を与えた。すなわち，中教審の改善答申には，OECDのコンピテンシーについてこう説明されている。

「経済協力開発機構（OECD）は，1997年から2003年にかけて，多くの国々の認知科学や評価の専門家，教育関係者などの協力を得て，"知識基盤社会"の時代を担う子どもたちに必要な能力を，"主要能力（キーコンピテンシー）"として定義付け，国際的に比較する調査を開始している。このような動きを受け，各国においては，学校の教育課程の国際的な通用性がこれまで以上に強く意識されるようになっているが，"生きる力"は，その内容のみならず，社会において子どもたちに必要となる力をまず明確にし，そこから教育のあり方を改善するという考え方において，この主要能力（キーコンピテンシー）という考え方を先取りしていたと言ってもよい」（中教審，2008，9-10頁）。

学習指導要領に明示された教育の基本理念としての「生きる力」は，ここに述べられているように，内容においてOECDの主要コンピテンシーと重なるものであり，それと重ねて理解されるべきである。

［中野良顯］

参考文献　中央教育審議会「幼稚園，小学校，中学校，高等学校及び特別支援学校の学習指導要領等の改善について（答申）」2008年1月17日

第2節

生徒指導で育てたいコンピテンシー

コンピテンシーとは，子どもたちが生徒指導のプログラムを受ける結果，何を知り何ができるようになるべきかを特定したものである。それはガイダンスカリキュラムによって組織的に指導される。三つの代表例を示す。

● ――― 学校教育・生徒指導におけるコンピテンシーとは

　学校教育や生徒指導を理念としてではなく，教育や指導の結果（アウトカム）の視点から論じるべきだという考えが強まっている。例えば，義務教育の構造改革に関する答申（中教審，2005）では，①教育の目標を明確にして結果を検証し質を保証する，②教師に対する揺るぎない信頼を確立する，③地方・学校の主体性と創意工夫で教育の質を高める，④確固とした教育条件を整備する，という4つの国家戦略が提唱されている。第一の戦略は，教育目標をコンピテンシーとして明確化し，結果を検証しようという提案である。

　また学校評価ガイドライン改訂版（文科省，2008）では，生徒指導の指導結果を(1)生徒指導の状況，(2)児童生徒の人格的発達のための指導の状況，の二面から自己評価しようと提案されている。人格発達のための指導の状況には，①自ら考え，自主的・自律的に行動でき，自らの言動に責任を負うことができるような指導，②保護者と連携協力して基本的な生活習慣を身につけさせるための工夫の状況，③児童生徒の適性を発見し能力を引き出し，それを発揮できるようにするための工夫の状況，④豊かな人間関係づくりに向けた指導の状況，⑤命の大切さや環境の保全などについての指導の状況，⑥社会の一員としての意識（公平，公正，勤労，奉仕，公共心，公徳心や情報モラルなど）についての指導の状況，⑦規範意識の向上に向けた指導の状況，が例示されている。これもアウトカムの視点から生徒指導の目標を明確化し，結果を検証する必要性を示したものと解釈できる。

　また，自ら考え自主的・自律的に行動し自らの言動に責任を負う能力，基本的生活習慣，適性を発見し伸ばす能力，豊かな人間関係をつくる能力，命の大切さに気づき環境の保全に努める能力，社会の一員としての公平・公正・勤労・奉仕・公共心・公徳心・情報モラル，そして規範意識は，生徒指導によって伸ばすべきコンピテンシーの例といえるだろう。

　中央教育審議会「新しい時代の義務教育を創造する（答申）」2005年
　　　　　　　文部科学省『学校評価ガイドライン〔改訂〕』2008年

表1:ライフスキル教育プログラムの例

ライフスキル	第1年度(レベル1)	第2年度(レベル2)	第3年度(レベル3)
自己認識	「かけがえのない自分」についての学習	セルフコントロール	私の権利と責任
共感性	互いの共通性と違いについて認識し、違いを尊重する	違いのある人々に対する偏見や差別をしない	エイズ患者に対する配慮
対人関係スキル	友達や家族との関係に価値をおくようになる	楽しい友達関係をつくり友達関係を維持する	必要なときに他者の支援やアドバイスを受ける
コミュニケーション	基本的な言語的・非言語的コミュニケーションスキル	仲間からの圧力があるときの自己主張コミュニケーション	健康を損なう恐れのある行動を促す圧力を撥ね返すため、自己主張コミュニケーションを使う(例:危険な性行動)
批判的思考	批判的思考の基本過程を学ぶ	選択とリスクに関して客観的判断を下す	喫煙や飲酒に対する態度に影響するメディアの圧力に対処する
創造的思考	創造的に考える能力を育成する	既定のことと考えられていることに対して、新しいアイディアを産み出す	変化する社会状況に適応する
意思決定	意思決定の基本的プロセスを学ぶ	困難な事柄について意思決定を行う	重要な人生上の計画について意思決定を下す
問題解決	問題解決の基本的プロセスを学ぶ	困難な問題やジレンマに関する解決策を産み出す	争いごとの解決
ストレスへの対処	ストレスを確認する	ストレスフルな状況に対処する方法	逆境に対処する
情緒への対処	さまざまな情緒の表出を認識する	情緒が行動にどのように影響するか理解する	情緒に関する好ましくないストレスに対処する

WHO編・川畑ほか監訳『WHOライフスキル教育プログラム』大修館書店,1997年

表2:カウンセリング・スタンダード

学業的発達のスタンダード
A:子どもたちは、学校だけでなく生涯にわたって効果的な学習を行うために役立つ態度,知識,スキルを獲得する。
B:子どもたちは、大学進学を含む幅広い有力な選択肢から好きな道を選べるだけの学力を身につけて学校を卒業する。
C:子どもたちは、学ぶことと働くこと、学ぶことと家庭や地域で生活することとの関係を知る。

キャリア的発達のスタンダード
A:子どもたちは、労働界を自己知識と結びつけて調べるスキルと、情報に基づいてキャリアを決めるスキルを獲得する。
B:子どもたちは、さまざまな方策を使って、将来のキャリアにおける成功と満足を実現する。
C:子どもたちは、自分の特徴と、教育および訓練と、労働界との関係を理解する。

個人的・社会的発達のスタンダード
A:子どもたちは、自分と他人を理解し尊重するために役立つ態度,知識,および対人関係スキルを獲得する。
B:子どもたちは、目的を実現するために決断し、目標を立て、必要な行動を起こす。
C:子どもたちは、安全と生存のためのスキルを理解する。

C.キャンベル、C.ダヒア著・中野良顯訳『スクールカウンセリング・スタンダード—アメリカのスクールカウンセリングプログラム国家基準—』図書文化社,2000年

●──生徒指導で教えるコンピテンシーの例

　コンピテンシーを教える構造化された開発的な授業を、ガイダンスカリキュラムと呼ぶ。授業は子どもたちの能力の獲得を支援するようデザインされ、小学1年から高校3年までの授業や学級活動を通じて組織的に提供される。目的は、子どもたちの発達レベルに合った知識とスキルを、すべての子どもたちに提供することである。ガイダンスカリキュラムで教えるコンピテンシーを三例あげてみよう。

　第一はWHOが示範したライフスキル訓練のカリキュラムである(表1)。ここでは、①自己認識と共感性、②対人関係スキルとコミュニケーション、③批判的思考(クリティカル・シンキング)と創造的思考、④意思決定と問題解決、⑤ストレスへの対処と情緒への対処、の5群に含まれる10種類のコンピテンシーが教えられるようになっている。

　第二は米国スクールカウンセラー協会が開発したASCAナショナルモデル(カウンセリング・スタンダード)である(表2)。特定されたコンピテンシーは、①学業的発達のスタンダード、②キャリア的発達のスタンダード、③個人的・社会的発達のスタンダード。

　第三はOECDコンピテンシー定義選択プロジェクトが選んだ学業的・社会的・個人的コンピテンシーである(第1節参照)。　　　　　　　　　　　　　　　　　　　　　[中野良顯]

WHO編・川畑ほか監訳・JKYB研究会訳『WHOライフスキル教育プログラム』大修館書店,1997年
C.キャンベル、C.ダヒア著・中野良顯訳『スクールカウンセリング・スタンダード—アメリカのスクールカウンセリングプログラム国家基準—』図書文化社,2000年

第3節

キャリア教育で育むコンピテンシー

「キャリア教育」とは，個々の児童生徒の発達段階に応じて，キャリアの形成や発達を支援する教育のことをいう。その実効を期するには，学校の教育活動の全体を通し，ガイダンス機能（進路指導・生徒指導）の充実を図ることが大切である。

●──キャリア教育の背景と必要性

わが国におけるキャリア教育の端緒は，1999年12月の中央教育審議会による「高校と大学との接続について」の答申であった。その前年の1998年3月には，文部省委託研究「職業教育および進路指導に関する基礎的研究（報告書）」の報告があり，それに続いて国立教育政策研究所による「児童生徒の職業観・勤労観を育む教育の推進（報告書）」（2002年10月），文部科学省による「キャリア教育の推進に関する協力者会議（報告書）」（2004年1月），ならびに青少年育成推進本部キャリア教育等推進会議による「キャリア教育推進プラン（提言）」（2007年5月）などの答申や報告，提言があいついで公表された。

以降，こうした答申等の趣旨・内容の具体化のために，関係省庁の横断的協力体制のもと，地域，学校，産業界における諸施策や事業が全国的に繰り広げられている。キャリア教育の"波"は，当初の「点」から，時代や社会のニーズを受けて「線」へ，そしていま，学校を核として地域を巻き込む「面」的な広がりを見せ始めている。

この数十年の間，キャリア教育が教育界だけでなく，広く産業界にまで多大な関心を集めるようになったのはなぜだろうか。それは，

①学校から社会への移行にかかわる諸問題の表面化～職業環境の激変，若者自身の進路・職業行動の変質
②児童生徒の生活意識，意欲や資質の変容～社会的自立精神の立ち遅れ，意思決定を先送りにするモラトリアム傾向の拡大

などへの危機的認識の一般化が，その根底にあったからだと考えられる。

●──キャリア教育の教育的意義

関係文献によると，キャリア教育は「児童生徒一人一人のキャリア発達を支援し，それ

　文部科学省『キャリア教育の推進に関する調査研究協力者会議（最終報告書）』2004年
国立教育政策研究所生徒指導研究センター編『キャリア教育資料集　研究・報告書・手引増補版』2007年

第3節●キャリア教育で育むコンピテンシー

図1：キャリアエデュケーションの概念・構造図（仙崎, 1998）

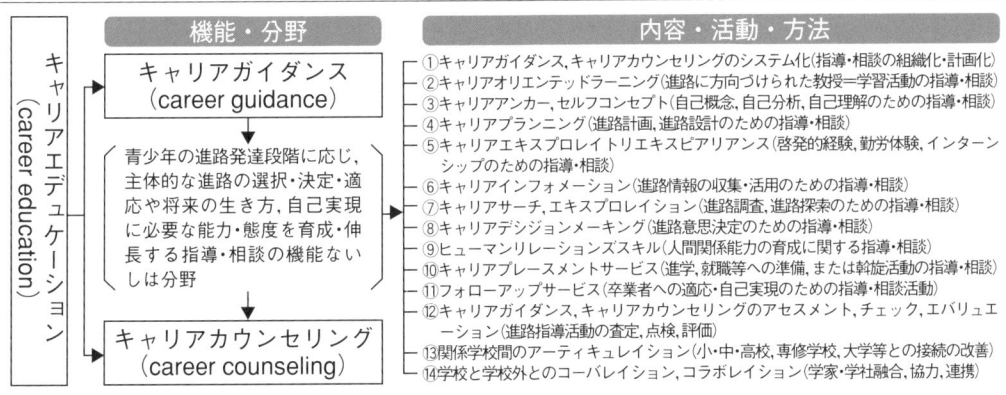

図2：発達段階と発達課題

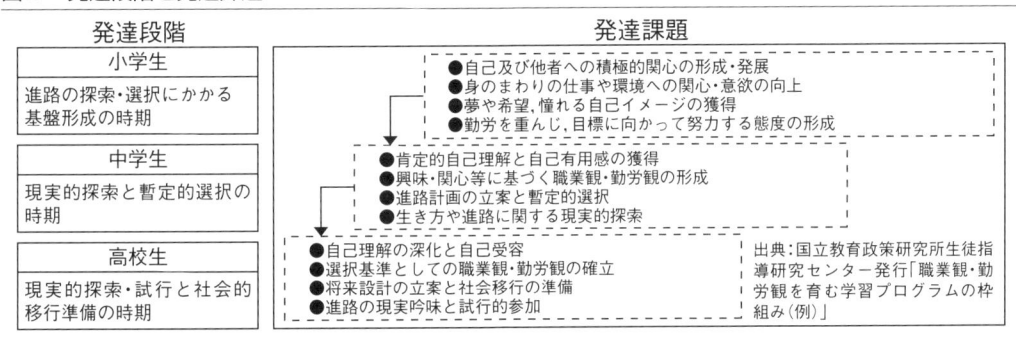

それにふさわしいキャリアを形成していくために必要な意欲・態度や能力を育てる教育」と定義づけられている。また，この文言中の「キャリア」については，「個々人が生涯にわたって遂行する様々な立場や役割の連続及びその過程における自己と働くこととの関係付けや価値付けの集積」と説明され，さらに「キャリア発達」は「自己の知的・身体的・情緒的・社会的特徴を一人一人の生き方として統合していく過程」とされている。

以上の定義や説明を踏まえて，キャリア教育の意義を①～④のようにまとめた。
①青少年にとって：個人特性の理解，進路と教育活動との結びつけ，社会的自立能力の育成
②学校にとって：産業界や地域社会との連携，教育課程の改善，産学連携教育の推進
③企業にとって：若者の就業促進，実践的人材の育成，郷土愛・伝統工芸等への理解・継承
④国全体として：経済社会の活性化，少子化対策への寄与

●──キャリア教育の構造と実践モデル

キャリア教育の機会や構造をどう考えたらよいか。その私案を図1に示した。
キャリア教育（キャリアエデュケーション）そのものを，教育の究極的な目標として位

参考文献　三村隆男『新訂・キャリア教育入門』実業之日本社，2008年
京都教育大学附属小中学校編『これならできるキャリア教育』明治図書，2006年
文部科学省『小学校・中学校・高等学校　キャリア教育推進の手引』2006年

第2章 ●生徒指導で育てるコンピテンシー

図3：各省庁から発表された"社会・職業で必要な能力"

【文部科学省】職業的(進路)発達にかかわる諸能力		人間関係形成能力 自他の理解能力 コミュニケーション能力	意思決定能力 選択能力 課題解決能力	将来設計能力 役割把握・認識能力 計画実行能力	情報活用能力 情報収集・探索能力 職業理解能力
【厚生労働省】就職基礎力	ビジネスマナー 基本的なマナー	職業人意識 責任感 向上心・探求心 職業意識・勤労観	コミュニケーション能力 意思疎通 協調性 自己表現力	基礎学力 読み書き 計算・計数・数学的思考 社会人常識	資格取得 情報技術系 経理・財務系 語学系
【経済産業省】社会人基礎力		前に踏み出す力(アクション) 発信力 主体性 働きかけ力 実行力	チームで働く力(チームワーク) 発信力 傾聴力 柔軟性 情況把握力 規律性 ストレスコントロール力	考え抜く力(シンキング) 課題発見力 計画力 創造力	

出典：『キャリアガイダンス』6月号，リクルート，2006年，49頁

表1：職業人トップランナー20人が選んだ指標の合計値

1	傾聴力	57.0ポイント
2	課題発見力	45.0ポイント
3	専門知識	39.0ポイント
4	実践力	38.0ポイント
5	協働力	30.5ポイント
6	創造力	29.5ポイント
7	発信力	20.0ポイント
8	計画力	16.5ポイント
9	倫理観	13.0ポイント
10	統率力	5.5ポイント
11	外国語力	4.0ポイント

※1位5ポイント，2位4ポイント……5位1ポイントとして，20人が選択した指標のポイントを足し上げたもの

出典：図3と同じ，28頁

置づけるならば，その下位の機能・分野となるのは，「キャリアガイダンス（進路指導）」と「キャリアカウンセリング（進路相談）」である。図1には，その両者に共通するねらいを括弧内に示し，指導の内容，活動や方法・技術（14項目）に分けて示した。

図2には，発達段階を「小学生（基盤形成期）」「中学生（現実的探索と暫定的選択期）」「高校生（現実的試行と社会的移行期）」に分け，それぞれの時期に主体的な達成が望まれるおもなキャリア発達課題が設定されている。発達段階にしても発達課題にしても，その進展や達成の度合いには，地域差や性差，個人差があることに配慮しなくてはならない。

●──キャリア教育で育むことが期待されるコンピテンシー

学校の教育活動の全体を通じて推進されるキャリア教育では，どんなコンピテンシーの育成が求められているのか。それを大きく教育界と産業界に二分して提示してみた。

図3は，関係省庁から発表されている「社会・職業で必要とされるコンピテンシー」を掲げたものである。これを見ると，教育・産業界で共通に必要とされているのは「人間関係能力」だけで，ほかには関連性がほとんど見られない。その理由は定かではないが，強いていえば，教育界（文科省）ではキャリア教育にかかわる基礎的コンピテンシー，産業界では職業・仕事への即応的・即戦的コンピテンシーが重視されるからであろう。

また，表1は，各職業分野におけるトップリーダー20人が選んだ所要能力をランクづけしたものである。全分野のリーダーが選んだコンピテンシーに「傾聴力」があげられているのは示唆的である。

また，経済産業省による「社会人基礎力」調査（図3）と若者（2006年卒業予定の大学生約3,000名）への「基礎力アンケート」の結果を対比したデータもある。これによると，

参考文献
諸富祥彦『7つの力を育てるキャリア教育』図書文化社，2007年
経済産業省『キャリア教育ガイドブック（実践編・物語編）』2008年
宮崎冴子『キャリア形成・能力開発』文化書房博文社，2008年

第3節●キャリア教育で育むコンピテンシー

図4：キャリア教育・進路指導と生徒指導との関連（仙﨑，1998年）

到達目標：社会的・職業的自己実現
指導目標：ガイダンス・カウンセリング機能の充実
実践・活動：
- 生徒指導（総合的な個別発達援助活動）
- 教育相談（生活、学習、進路面での悩み、困難への対応）
- 進路指導（キャリア形成、発達への指導援助活動）

出典：仙﨑武編著『生徒指導、教育相談、進路指導』田研出版（第4版），2008年

表2：学校の教育構造（筆者作成）

- ●管理・経営（Administration & Management）
  人的側面～児童生徒，教職員／物的側面～校門，校舎，教室，運動場，体育館，講堂，プール，給食室，施設設備，備品，校外施設／経営的側面～関係法令，教育方針，教科書，教育組織，学校日誌，学校公簿，出席簿，学籍簿，指導要録など
- ●教授・学習（Teaching & Learning）
  学習指導要領に基づく教育計画（総合的学習，各教科，科目，道徳，特別活動，校外活動）と実践，評価活動，教育機器・学校図書館の利活用など
- ●指導・相談（Guidance & Counseling）
  学習指導，生徒・生活指導，教育相談，進路指導の実践的支援活動，児童・生徒会，クラブ活動，学校行事等の指導・相談活動，校外活動の計画・実践活動の指導・援助活動，家庭・地域への啓発・協働活動など

出典：仙﨑他編著『入門生徒指導・相談』福村出版，2000年

企業と若者との落差が大きいのは「主体性・実行力」と「課題発見力」で，企業が「不足」としているのもこれである。ここでいわれるコンピテンシーの質的内容とともに，学校・社会を一貫するコンピテンシーの育て方が問われることになるだろう。

● キャリア教育，進路指導と生徒指導との関連

では，既述のようなキャリア教育の理念・目標や，育成が求められているコンピテンシーを，生徒指導上，どう関連づけたらよいのだろうか。この節の最後に，その要点を示す。

周知のとおり，キャリア教育は，究極的には教育の再生をめざす教育理念である。それを踏まえた機能概念としての生徒指導・進路指導は，共に児童生徒の問題解決力や社会的・職業的自己実現に必要な資質・能力を育む具体的・実際的な「援助活動」である。したがって，その実践や指導にはある程度の共通性があるのは自明である。

いっぽう，教育現場の指導体制や実践・技法面については，多少の独自性・特色性がある。進路指導の内容や方法は，図1に示したが，生徒指導については，進路指導との共通性のほか，例えば性格・心理検査，個別指導・面接・相談，社会測定法，不適応・逸脱・問題行動への緊急的・短期的対応……など，個や集団特性に即した多様な技法が開発され，すでに活用されている。

しかしながら，これらの独自的・特色的な技法にこだわりすぎると，生徒指導は特定対象への治療的な「問題行動対策」，進路指導は「進学・就職対策」などといった，いわれなき"そしり"を招くことになる。今後，学校の教育構造（表2）を担うガイダンス活動として，生徒指導・進路指導の積極・消極両面を含む機能統合を図ることを通して，調和的な人格形成，人間としての生き方教育など，より高次の教育目標の達成に努める必要がある。そのとき，初めてキャリア教育への扉が開かれるように思えてならない。

［仙﨑　武］

　ユネスコ21世紀教育国際委員会報告，天城勲監訳『学習・秘められた宝』ぎょうせい，1997年
仙﨑武編著『生徒指導―生き方と進路の探究』教職課程講座第7巻，ぎょうせい，1990年

コラム　児童自立支援施設における学校教育

小林英義　秋田大学教授

●児童自立支援施設の概要

第二次世界大戦後の長い間、「教護院」と呼ばれてきた児童福祉施設は、児童福祉法の一部改正（1997年制定。以下、改正法）で新しく「児童自立支援施設」に改称された。その対象も、従来の「不良行為をなし、またはなすおそれのある児童」に加え、「家庭環境その他の環境上の理由により生活指導を要する児童」（児童福祉法第44条）に拡大された。

歴史的にみると、「感化院（1900年）」→「少年教護院（1933年）」→「教護院（1947年）」に変遷し、改正法で「児童自立支援施設」に改称され、感化・教護事業は百余年におよぶ。

児童自立支援施設は、全国に58か所（国立2、都道府県立・市立54、私立2）あり、約2,000人の児童（小学生～中卒・高校生）が生活している。この施設は、児童福祉法施行令（児童福祉法第10条）で各都道府県に設置義務が課せられており、これが大きな特色である。私立（社会福祉法人）の2施設は、戦前から設立・運営されている伝統的な施設である。

入所の経路は、児童相談所の措置（児童福祉法）による場合と、家庭裁判所の審判（少年法の保護処分のひとつ）による場合の二とおりがある。後者が約2割を占めており、司法からは「なくてはならない施設」といえる。

●教育保障の道筋

①「準ずる教育」の位置づけ

1947年に制定された児童福祉法では、教護院の入所児童について、ほかの児童福祉施設とは異なり、施設長に就学の義務が課せられていなかった。当時、同法第48条では「教護院の長は、在院中、学校教育の規定による小学校または中学校に準ずる教科を修めた児童に対し、修了の事実を証する証明書を発行することができる」と、法的に例外規定を設け、施設内の学校教育を「準ずる教育」と位置づけるとともに、「不良性の除去」という教護院の独自性を名目に、長い間、学校教育（公教育）を導入しなかった。

②学校教育（公教育）の導入

かつて、重い障害をもつ児童には、学校教育法第23条の「就学義務の猶予・免除」規定により教育を受けさせなかった。しかし、どんな重い障害をもっている児童でも、教育を受ける権利は憲法に保障された固有のものであり、受けさせるべきであるという主張が認められた。その結果、1979（昭和54）年から養護学校（現・特別支援学校）の義務教育化が実現している。

このような状況のもと、1990年には日弁連から人権侵害の救済申し立てとして、「教護院にある児童の教育を受ける権利に関する意見書」が出された。それらの動向を受け、法制定から50年を経て、先の改正法により教護院入所児童にも就学の義務が課せられ、施設内に学校教育（公教育）を導入することが明記された。

しかし、改正法が施行されてから10年が経過するものの、全国57施設（中卒児を対象とする1施設を除く）のうち、学校教育（公教育）を実施しているのは、いまだ36施設（63.2％）にすぎない（2008年4月現在）。せっかくの教育保障規定が、なかなか進展していないのが現状だ。

③真の教育保障を図るために

厚生労働省も学校教育導入のために、「2008年3月までには各自治体から明確化・具体化した回答をもらう」と期限を設けたが、真の教育保障を図るためには、実施の「形態」だけではなく、どのような人材を派遣し、どのようなカリキュラムで実施するのかという「内容」が問われている。ハード・ソフト両面の検討が急がれる。

（参考文献：小林英義・小木曽宏編著『児童自立支援施設の可能性』ミネルヴァ書房，2004年／小林英義『児童自立支援施設の教育保障』ミネルヴァ書房，2006年／小林英義『寮通信・子どもの日』三学出版，2008年）

第 3 章

アセスメント

第3章 アセスメント

第 1 節

なぜアセスメントか

子ども一人一人のよさや長所，悩みや課題，学校生活・家庭生活，地域の実態を知ることによって，援助目標・方法・援助者などが決まる。そのためには，子どもの声を反映した総合的・発達的視点からのアセスメントが大切である。

●——事例にみるアセスメントの重要性（きく→しる→かかわる→つなぐ→そだてる）

　生徒指導において生徒理解（アセスメント）がいかに重要であるかを，教育困難な生徒へのチーム援助を例にみてみよう。中学3年生のAさんは，「あそび・非行型」の不登校生徒である。小学校高学年から問題行動を繰り返しており，警察による補導歴や福祉施設への入所経験がある。中学校では，学級担任によるAさんの問題解決はむずかしいと判断し，教育委員会を通じて大学教員に協力依頼を行った。大学教員の助言で，生徒指導主事を中心に，Aさんの生育歴・家庭環境・小学校時代の様子・交友関係などを，本人・母親・周囲の人々から聞き取る多角的な情報収集作業が行われた。その結果，教職員が把握していなかったAさんと母親の姿が浮かびあがった（図1参照）。

　Aさんは，小学校時代にいじめを受け，それが原因となって学校を休むようになった。喫煙・万引き・夜間徘徊・家出は，すでに小学校中学年ころから始まっていたが，その背景には，厳しい叱責を行う父親からの回避欲求があった。換言すれば，父親に対する不信感と恐怖心が，非行と非合法集団へのコミットメントを促進したといってもよい。

　他方，母親は，Aさんと同様に夫の横暴に恐怖心を抱きながらも，自己統制する力が弱く，定職につくことができず，経済的に困難な状況だった。周囲から自分や家庭がどのように見られているかがわかっていたため，Aさんへの対応には苦慮していたものの，周囲に助けを求めることはしなかった。Aさんの家庭は地域から浮いており，「困った家族」という負のラベリングをされていた。その点も，Aさんの不登校に拍車をかけた。

　Aさんの「あそび・非行」の背景や要因を深く知ることによって，次のような問題解決の方針を設定した。

①Aさんの主体的な進路の選択・決定の援助

　警察の力を借りて，Aさんと非合法集団との関係を断絶し，Aさんが安心して過ごせる時

参考文献　児童自立支援計画研究会編『子ども・家族への支援計画を立てるために―子ども自立支援計画ガイドライン―』日本児童福祉協会，2005年

図1：Aさんの「あそび・非行型」不登校の背景・要因

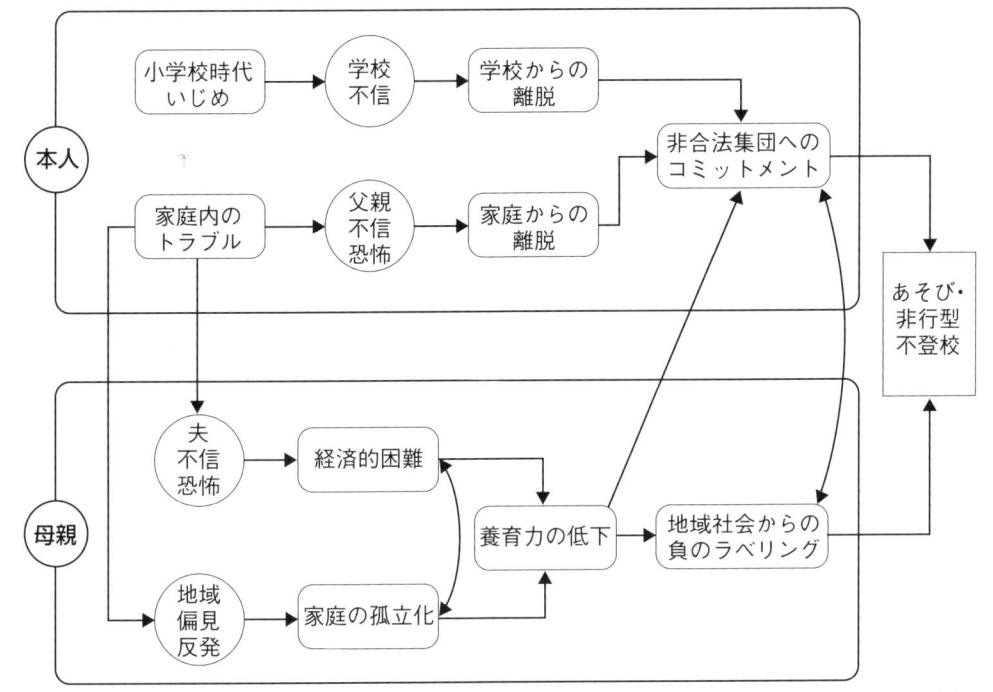

注：参考文献の八並（2006年，13頁）に掲載の図を，一部改変した。

間と場所を確保し，自己の進路と向き合うこと。

②母親の自立支援と家庭支援

自治会や児童・民生委員などの地域の力や福祉事務所など福祉の力を借りて，就職斡旋を通した母親の社会的自立と親子の信頼的なきずなを回復すること。

そこで，大学と中学校の生徒指導主事が中心となり，青少年健全育成協議会会長，地区自治会会長，地区民生委員，主任児童委員，地区社会福祉協議会会長，青少年補導員，交番署長，児童福祉司，ケースワーカー，中学校PTA会長，中学校長・教頭・生徒指導主事・学年主任・学級担任・スクールカウンセラーでサポートチームを編成し，問題解決に着手した。その結果，Aさんは，中学卒業と同時に，土木建築会社に就職をした。

この事例から学ぶことは，教師は，ともすると生徒の問題行動という表層に現れた行為に目を奪われ，その行為の抑止に力点をおいてしまう。そのため，生徒の声をじっくりと聞く，問題行動に関連する広く・深い情報収集に多くの時間を割くことをおろそかにしがちである。Aさんのように，教師や地域住民からみれば「困った生徒」であるが，見方を変えれば本人は「困っている」孤独な子どもなのである。

 東京都福祉保健局少子社会対策部計画課編『子ども家庭支援センター　ガイドライン』東京都生活文化局広報広聴部広聴管理課，2005年
八並光俊「地域の援助資源を生かした生徒指導―地域で孤立した子どもと家庭へのサポートチーム―」『月刊生徒指導』（5月号）学事出版，13-15頁，2006年

第3章●アセスメント

問題行動の深層を理解することによって，問題解決に向けての教師・保護者・周囲のかかわり方やサポーターも決まってくる。問題解決は，問題行動の消失にとどまらず，最終的には生徒のキャリア達成という「育てる」視点は一貫している。したがって，生徒指導では，アセスメントすなわち生徒理解が，問題解決の成否に大きくかかわっているといっても過言ではない。

●──総合的・発達的視点からの心理教育的アセスメント

子どもの行為は，図2のように個人的要因と環境的要因の相互作用の結果としてとらえられる。このようなアセスメントを，学校心理学では心理教育的アセスメントと呼んでいる。心理教育的アセスメントでは，個人と環境の双方の情報収集を行い，その子どもの長所や個性的な能力，今後伸ばしたい長所や能力は何かという自助資源を探る。

また，子どもを取り巻く環境の中で，だれが力になってくれそうか，あるいはどのような機関や民間団体が力になってくれそうかという援助資源（リソース）を探る。さらに，児童虐待・自殺企図・発達障害など，緊急対応を要する場合があるので，どの程度の緊急性をもっているかリスクアセスメントを行う。

心理教育的アセスメントを十分に行うことによって，その子ども固有の問題解決の処方箋となる個別援助計画の作成も容易となる。アセスメントの観点は，以下のとおりである。

《アセスメントの観点》

①個人的要因

　個人のアセスメント：子ども一人一人の学習面，心理・社会面，進路面，健康面や家庭生活での悩みや実態を把握する。

　時系列アセスメント：学年進行に伴う子ども一人一人の「個人のアセスメント」を蓄積し，個人の経年変化を把握する。

②環境的要因

　学校のアセスメント：学級の子どもたちの学習面，心理・社会面，進路面，健康面や家庭生活での悩みの実態や分布を把握する（学級のアセスメント）。同様に，学年の実態や分布を把握する（学年のアセスメント）。

　家庭のアセスメント：保護者間の関係，保護者と子どもの関係，家庭適応度，家庭内暴力や配偶者間暴力（DV）の有無，経済的な不安や悩みや実態を把握する。

　地域のアセスメント：家庭の所在地の周辺状況を把握する。例えば，繁華街・大手量販店・コンビニ・書店・公園・ホテル・パチンコ店，市役所・警察・病院・学校・社会教育施設などの物理的環境や家庭からの距離，有職少年・無職少年・暴走族・非合法集

　神奈川県立総合教育センター『子どものニーズの解決に向けた多職種協働チームの行動連携の在り方～「ニーズを抱えている子どもの問題解決のためのアセスメントチェックリスト」及び「支援のための行動連携シート」の開発とその活用について～』神奈川県立総合教育センター（亀井野庁舎），2007年

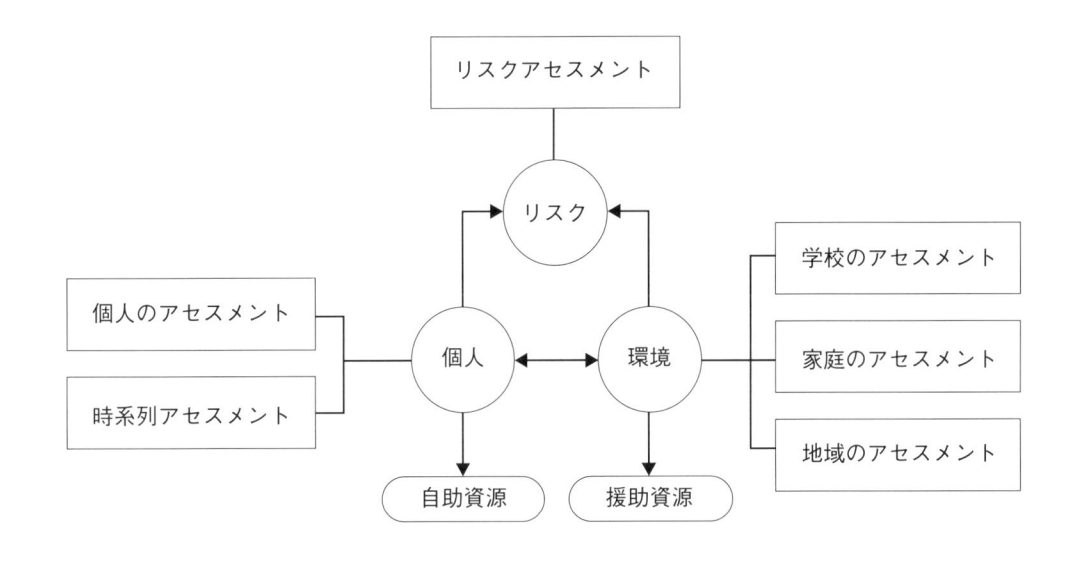

図2：総合的・発達的な心理教育的アセスメント

```
                    ┌──────────────┐
                    │リスクアセスメント│
                    └──────┬───────┘
                           ↓
                        ( リスク )
                        ↗      ↖
┌──────────────┐                        ┌──────────────┐
│個人のアセスメント│                        │学校のアセスメント│
└──────────────┤                        ├──────────────┘
               ├──( 個人 )↔( 環境 )──────┤家庭のアセスメント│
┌──────────────┤      ↓      ↓          ├──────────────┘
│時系列アセスメント│   自助資源  援助資源    │地域のアセスメント│
└──────────────┘                        └──────────────┘
```

団との接触可能性を把握する。

③リスクアセスメント

①と②のアセスメントから，緊急対応が必要であるのか，ある一定期間の観察を要するのか，現段階では注意深く見守るだけでよいのか，子どもの抱えるリスクの程度を判定する。

このような総合的・発達的な視点から，学年当初に心理教育的アセスメントを実施することで，子どもたちの個性や長所の発見，心理的な傾向や悩みの把握，学校・家庭・地域の様子を把握できる。そのため，教師の生徒理解，授業改善，学級経営，問題行動の早期発見・未然防止，早期解決を図ることができる。すなわち，アセスメントはプロアクティブな生徒指導とリアクティブな生徒指導の共通基盤なのである。

●──子どもの声を反映した客観的アセスメント

アセスメントの方法としては，行動観察・面談・作文や作品・自作調査・心理検査などいろいろな方法があり，学校では教師の行動観察・面接・簡便なチェックリストなどを用いたアセスメントが多くみられる。しかし，この方法は，教師の主観が混入しやすいという欠点をもっている。

教師の経験に裏打ちされた勘や主観的理解は大切であるが，それに加えて，より幅広く，深いアセスメントを行うには，子どもの客観的な自己評価情報や環境評価情報を収集する

参考文献　八並光俊監，舩岡三郎・中田洋子編『教育相談のための綜合調査Σ』大阪心理出版

必要がある。客観的なアセスメントツールの具体例として，私が教育・研究で使用してきた『教育相談のための綜合調査Σ（シグマ）』について簡単に紹介する。ほかの心理検査や調査と異なるΣの特徴は，以下のとおりである。

①子どもの学習面，心理・社会面，進路面，健康面だけでなく，学級適応感・学校適応感・家庭適応感，家での学習時間，在宅時の様子，相談したい相手など多面的なアセスメントが可能である。

②調査後の処理は，すべてコンピュータで処理される。分析結果の出力表は，子どもへの返却用帳票と教師の分析用帳票の2種類が返送される。教師用の分析帳票は，個人表，学級一覧表（Ⅰ）・（Ⅱ），分布表の4種類から構成される。なお，以下の図は，すべてΣの説明つきのサンプル画像である。

　個人表（図3-1）：個人別に，学級の充実感，学習態度・意欲・自信，ゆきづまり感・自己否定感・行動抑制，疎外感・克己心・家庭適応感・学校適応感・学級適応感（10段階評定またはチェックマーク表示），悩みやからだと心の状況（チェックマーク表示），各種教育相談のためのコメント文が記載されている。また，学年比較可能である。

　学級一覧表（図3-2）：学級の子どもたちの状態は，教育相談のきっかけ，相談相手に望んでいる人，相談の要点，参考データから構成される「学級一覧（Ⅰ）」と，学習，進路・将来，学校生活，友人，家庭生活，心とからだの健康，その他の48のチェック項目の結果から構成される「学級一覧（Ⅱ）」から把握することができる。

　分布表（図3-3）：分布表は，個人表の項目に関する学級分布と学年分布を比率で示している。また，全国平均値も記載されている。学級や学年の状態が，棒グラフやパーセント表記されているので視覚的・数量的把握が可能である。このほか，「生活の状況」として，家での勉強時間，家庭教師や通塾の有無，帰宅したときの在宅者，相談したい相手に関して，項目別に比率が記載されている。

③4種類の帳票から得られる客観的アセスメントデータと，教師・スクールカウンセラー・保護者の行動観察，面談情報，関係者からの聞き取り情報，生活実態調査や進路希望調査，各種心理検査，学習成績，出欠・早退データ，作文・作品など，主観的・客観的・共感的なアセスメントデータをつきあわせることで，子ども個人や学級・学年の状態をきめ細かく把握することができる。

④客観的アセスメントデータがあると，スクールカウンセラーをはじめとする非常勤職員，関係機関等の専門家，保護者との共通理解を図ることが容易となる。

　以上のように，アセスメントの広さ・深さ・精度によって，個別援助計画や援助方法が決まるといってもよい。

［八並光俊］

第1節 ● なぜアセスメントか

図3：教育相談のための綜合調査Σ（シグマ）

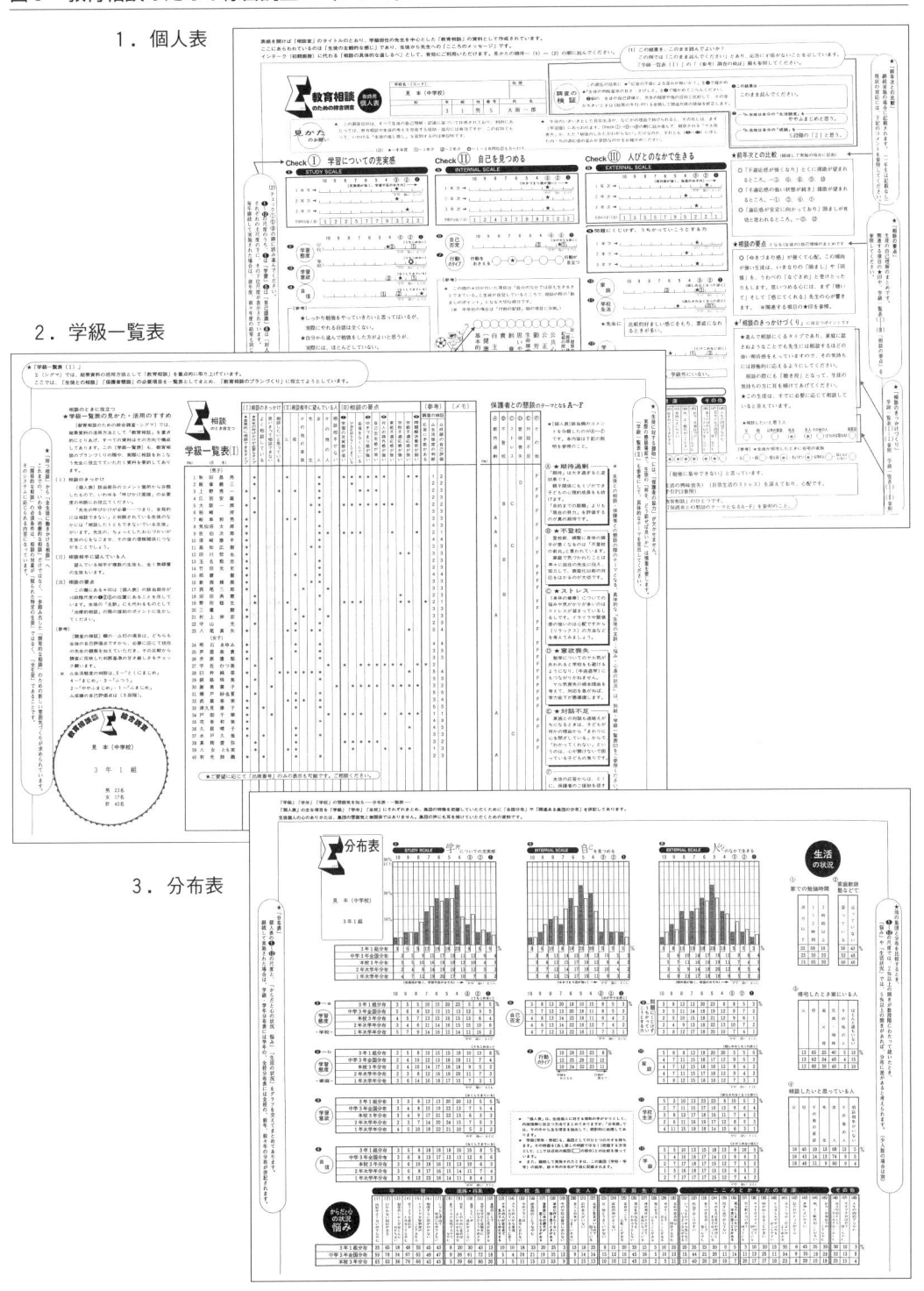

1．個人表

2．学級一覧表

3．分布表

第 2 節

データベースを活用した分析的アセスメント

生徒理解のための調査・検査から得られたアセスメントデータを，データベース化し，再分析することによって，多量なデータに隠された子どもの傾向性やリスクを発見，把握することが可能となる。

●――分析的アセスメントのすすめ

　学校現場で一般的に有償の調査・検査を実施した際は，分析結果を出力した帳票が発行元から送付されてくるので，それに基づいてアセスメントを行う。これを，一次情報を活用した静的アセスメントと名づけておこう。多くの調査・検査は標準化され，出力データもユーザーのニーズを考慮して工夫されている。

　しかし，その一次情報をさらに活用して，ユーザーが独自の観点から分析することによって，新しい気づきや潜在的なリスクを把握することができる。これを，「分析的アセスメント」と名づけておく。なぜ，分析的アセスメントを推奨するのか。その理由は次のとおりである。

　①学校で実施される調査・検査は，「やりっ放し」になることが多い。出力帳票は，一部の気になる子どものアセスメントや大局的な傾向を把握するために使用されるが，それ以上の詳細な分析に使用されることは少ない。既存の出力帳票も，ていねいに分析すれば，子どものいろいろな側面に気づく。ところが，対象の子どもが800名だとすると，800枚の帳票が出力されるから，それを細かく分析するのは一苦労である。そのため，一次情報に隠された，眠れる貴重な情報がむだになってしまっている。

　②出力帳票は紙媒体であるため，ある項目とある項目を同時に満たす子どもがだれなのか，同じような傾向性をもつ子どもはだれなのか，いじめや不登校につながる悩みを同時にもっている子どもはだれなのか，という複数条件を満たす子どもを特定することは困難である。大量な帳票を前にして，教職員は自分が知りたいことをすぐに導き出せない。

　③公立学校の場合は，教職員の異動があるため，せっかく収集した調査・検査データが当該年度限りのものになっていることが多い。出力帳票は年々累積するので，保存や

参考文献　中村佐織『ソーシャルワーク・アセスメント―コンピュータ教育支援ツールの研究―』相川書房，2002年

再利用に多くの手間と時間がかかる。したがって，子どもの学年進行に伴う経年変化や比較は十分になされていない。

●──データベースを活用した分析的アセスメント

分析的アセスメントの例を，本章第1節で紹介した『教育相談のための綜合調査Σ』（以下，Σと略記）の個人表から簡単に述べてみる。個人表には，図1のようにおもに2つの情報（ⒶとⒷ）が記載されている。

① Σの主尺度に関する13項目と参考資料2項目の総計15項目の結果（Ⓐ部分）。図2のように，①から⑫までの主尺度は，10段階で表記される。また，参考資料の「生活態度の判断」と「成績の自己評価」の2項目は，5段階で表記される。

② 教育相談のテーマとなる主訴に関する48項目の結果（Ⓑ部分）。具体的な調査項目は，表1のとおりである。該当する場合は，アスタリスク（＊）が印字される。

通常，Σもほかの調査・検査と同様に，出力帳票を見ながらアセスメントを行う。個人表の情報は，子ども一人当たり15項目＋48項目＝63項目となる。アセスメントの対象が子ども1名であれば，分析は容易である。それに対して，40名学級の全員となると63項目×40名＝2520項目となり，さらに5学級からなる1学年を対象にした場合，40名×5学級＝12600項目と，気が遠くなるような膨大な情報量となる。

Σは，個人表以外に，学級一覧表や分布表という要約表が出力されるので，その要約表から，気になる子どもを抽出して，個人表で詳細な分析をすることが可能になっている。しかし，前述のように，個人表のある項目とある項目を組み合わせて，その組み合わせに合致する子どもを特定するということは，視認による手作業では至難の技である。その限界を突破するために，私はΣの情報をデータベース化して，新たに教育相談データベース（以下，教育相談DBと略記）を開発し，それを用いて多様な分析を試みてきた。

●──教育相談DBによる分析的アセスメント例

教育相談DBを構築・活用する際の物理的環境・ソフトウェア・利点・学習事項は，以下のとおりである。

① PC環境は，メモリーが1GB，ハードディスク容量が120GBのノート型パソコンである。OSは，Microsoft Windows XP Professionalである。

② データベースの開発ソフトウェアは，Oracle（オラクル）がネット上で無償提供しているリレーショナルデータベース Oracle Database 10g Express Edition（XE）と同梱の Application Express（APEX）を使用した。

参考文献　八並光俊「チーム援助データベースの開発と応用性に関する研究」『学校心理学研究』，3，19–27頁，2003年

第3章 ● アセスメント

図1：個人表の出力項目の構成

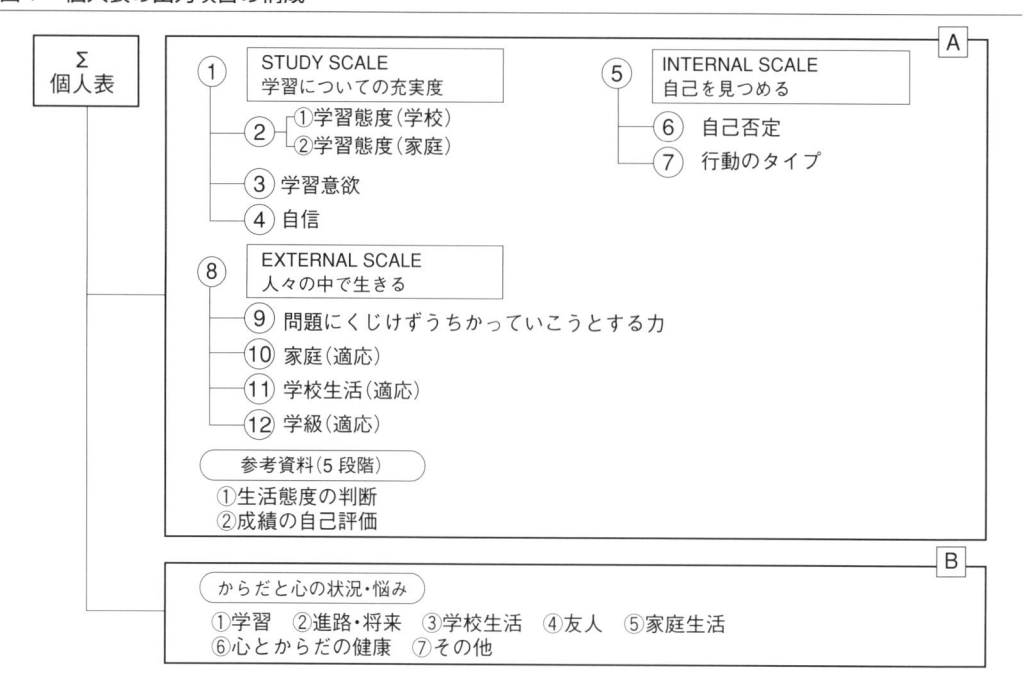

```
Σ          ① STUDY SCALE              ⑤ INTERNAL SCALE          A
個人表         学習についての充実度              自己を見つめる
            ② ①学習態度(学校)           ⑥ 自己否定
               ②学習態度(家庭)           ⑦ 行動のタイプ
            ③ 学習意欲
            ④ 自信
            ⑧ EXTERNAL SCALE
               人々の中で生きる
               ⑨ 問題にくじけずうちかっていこうとする力
               ⑩ 家庭(適応)
               ⑪ 学校生活(適応)
               ⑫ 学級(適応)
              参考資料(5段階)
               ①生活態度の判断
               ②成績の自己評価

              からだと心の状況・悩み                                B
               ①学習 ②進路・将来 ③学校生活 ④友人 ⑤家庭生活
               ⑥心とからだの健康 ⑦その他
```

図2：個人表の主尺度の出力見本（一部）

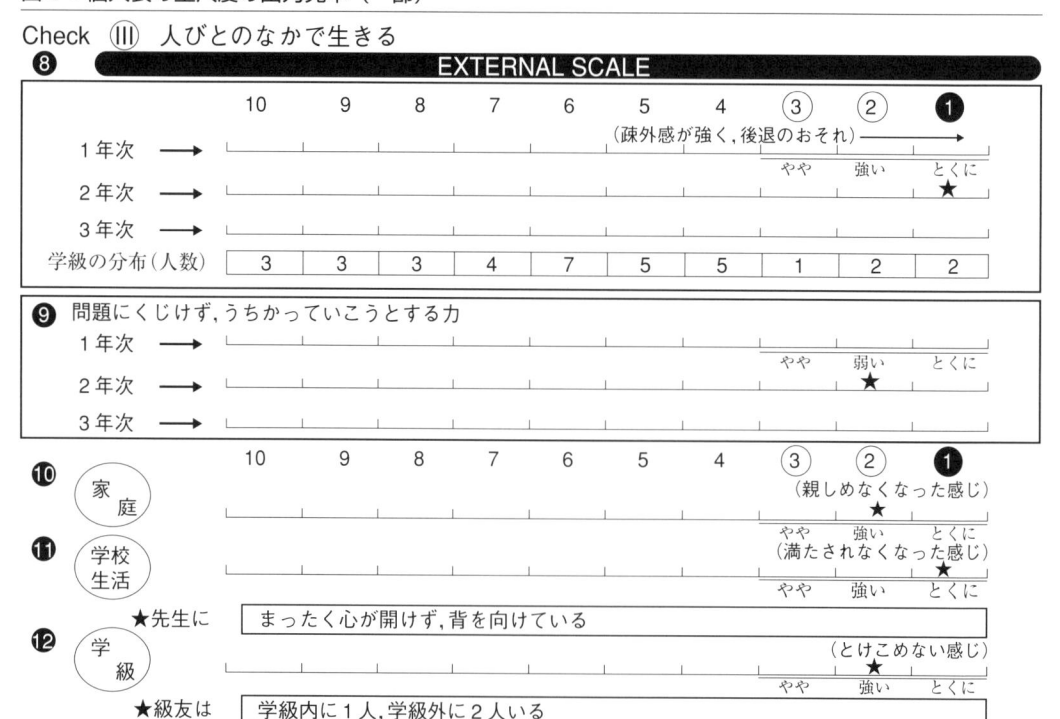

Check Ⅲ 人びとのなかで生きる

❽ EXTERNAL SCALE

	10	9	8	7	6	5	4	③	②	❶
								(疎外感が強く，後退のおそれ) →		
1年次 →								やや	強い	とくに
2年次 →										★
3年次 →										
学級の分布(人数)	3	3	3	4	7	5	5	1	2	2

❾ 問題にくじけず，うちかっていこうとする力

1年次 →								やや	弱い	とくに
2年次 →							★			
3年次 →										

	10	9	8	7	6	5	4	③	②	❶
❿ 家庭								(親しめなくなった感じ)		
								やや ★	強い	とくに
⓫ 学校生活								(満たされなくなった感じ)		
								やや ★	強い	とくに

★先生に　まったく心が開けず，背を向けている

⓬ 学級　(とけこめない感じ)
　　　　　　やや ★　強い　とくに

★級友は　学級内に1人，学級外に2人いる

参考文献　清水美樹『「Oracle Database 10g XE」ではじめるデータベース処理　はじめてのSQL』工学社, 2006年

表1：個人表の悩み・からだと心の状況

カテゴリー	NO	調査項目	マーク	入力
学習	T1	成績がよくないのでなやむ	＊	1
	T2	わからない科目がある	＊	1
	T3	勉強のしかたがほとんどわからない	＊	1
	T4	思うような成績がとれなくてなやむ	＊	1
	T5	テストや受験勉強のことであせる	＊	1
	T6	勉強する意欲がわかない	＊	1
	T7	いろんな理由で勉強に集中できない		0
進路・将来	T8	進学するか就職するかでなやんでいる		0
	T9	将来，どの方向に進めばよいかわからぬ不安	＊	1
	T10	進学したいが成績がよくない	＊	1
	T11	志望校や望む就職先にいけるだろうかの不安	＊	1
	T12	進路のことで親と意見が衝突する		0
学校生活	T13	クラスの人が変な目で見たりいじめたりする	＊	1
	T14	クラスの人から無視されているように思う	＊	1
	T15	今のクラスは，自分に合わない	＊	1
	T16	クラブ活動のことでなやんでいる		0
	T17	登校前に体の調子が悪くなるときがある	＊	1
	T18	学校に行きたくないと強く思うときがある	＊	1
	T19	今の学校は自分に合わない	＊	1
友人	T20	友人との仲がうまくいかない	＊	1
	T21	真の友人がいない	＊	1
	T22	身近に悪友がいるので困っている	＊	1
家庭生活	T23	父・母とうまくいかない		0
	T24	家族の仲がよくない	＊	1
	T25	家族のことで心配ごとがある	＊	1
	T26	親は私の気持ちをわかろうとしない	＊	1
	T27	親の期待が大きすぎて重荷になっている		0
	T28	親に暴力をふるうことがある		0
	T29	夜おそくまで出歩くことがある		0
	T30	家庭の経済的な問題でなやむ	＊	1
心とからだの健康	T31	いつもまわりから見られているような気がする		0
	T32	短気でおこりやすい	＊	1
	T33	自分の性格のことで強くなやむ		0
	T34	今の生活は自分の理想とまるで違っている	＊	1
	T35	将来に希望がもてない	＊	1
	T36	死んでしまいたいと本当に思うときがある	＊	1
	T37	胃や腸が弱いので困っている		0
	T38	かぜをひきやすいので困っている		0
	T39	頭が痛くなることが多い		0
	T40	じんましんやかぶれを起こしやすい		0
	T41	立ちくらみ・目まいがよく起きる	＊	1
	T42	息ぎれやどうきがする		0
	T43	乗物によいやすい		0
	T44	夜，よく眠れぬことが多い	＊	1
	T45	体力・運動能力のことでなやむ		0
その他	T46	自分の顔かたち・スタイルで強くなやむ	＊	1
	T47	異性や性の問題で強くなやむ	＊	1
	T48	人生の問題でなやむ		0

参考文献　八並光俊「三次的援助サービスのためのチーム援助データベースの開発とチーム援助体制の改善効果に関する研究」日本生徒指導学会編『生徒指導学研究』2，99-109頁，2003年

③Oracleは，商用データベースの世界標準といえる高機能なデータベースである。数値や日本語処理に優れており，セキュリティも堅牢である。

④APEX（旧名称HTML DB）は，Web上でデータベースを簡単に構築できる。また，Microsoft Excel（エクセル）とデータの入出力ができるため，短時間でデータベースを開発でき，処理結果の保存・再利用が両ソフトウェア間で可能である。

⑤APEXを用いたデータベースの操作は，Internet Explorer・Firefoxなどのブラウザを用いるため，ユーザーの抵抗感が少ない。

⑥教育相談DBを活用して，自由自在にデータ検索や分析を行うためには，データベースの標準言語であるSQL（Structured Query Language：構造化問い合わせ言語）の基礎をマスターしておく必要がある。

次に，教育相談DBを構築する手順について，簡単に説明しておく。

①Σの個人表に記載されているデータを，Excelに転記し，データファイルを作成する。データ入力時は，主尺度は1から10までの数値，参考資料は1から5までの数値を入力する。悩み・からだと心の状況は，表1のようにアスタリスク（＊）の印字があれば1を入力，印字がない場合は0を入力する。データファイルの構成は，行方向に対象となる子ども（サンプルを「20063125」などID番号で表記），列方向にΣの項目（変数）となっている。ただし，第1行目には，変数名が並ぶ。

②Excelで作成されたデータファイルを，APEXのデータ入力（インポート）機能を用いて転送し，教育相談DBを構築する。

APEXから教育相談DB（データベース名"kojin"）を用いた検索例が，図3である。入力データは，40名分の架空データである。図右隣に検索条件式を示した。図上部では，学習の充実感が低く，なおかつ進路不安をいだいている子どもを検索している。40名中13名が該当した。下部は，いじめを受けており，なおかつ死んでしまいたいと思っている子どもである。1名が該当した。検索は，瞬時に行われる。また，検索結果は，結果表の右下に，「CSVのエクスポート」という表記があるので，それをクリックするとExcelで簡単に開くことができる。

教育相談DBを活用すると，入力されたデータを自由自在に組み合わせて，高速で柔軟な検索を簡単に行うことができる。それによって，帳票では不可能な，多様で複雑な分析が可能となる。このようなデータベースの活用が，今後のアセスメントでは大切となる。

［八並光俊］

第2節●データベースを活用した分析的アセスメント

図3：教育相談DBの検索例

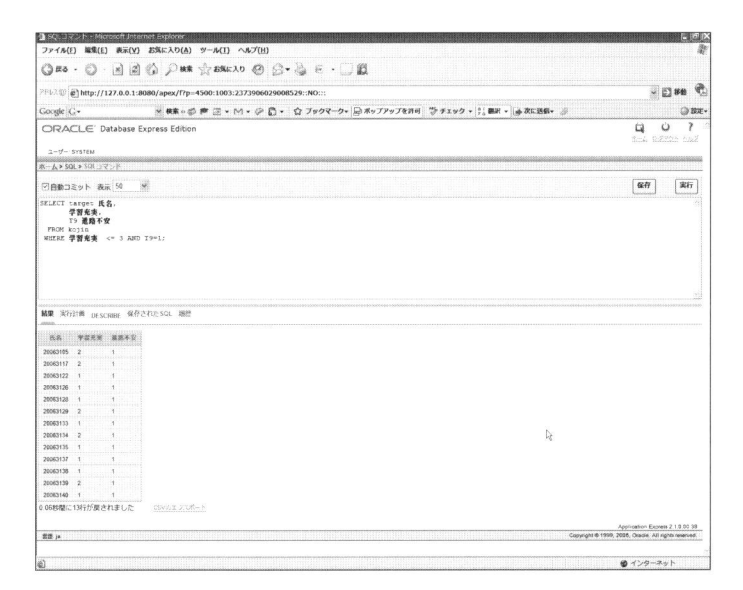

```
SELECT target 氏名,
       学習充実,
       T9 進路不安
  FROM kojin
 WHERE 学習充実＜＝3
   AND T9＝1;
```

※検索条件式の意味
　学習充実度が3以下で，なおかつ進路不安をいだいている子どもを検索する。

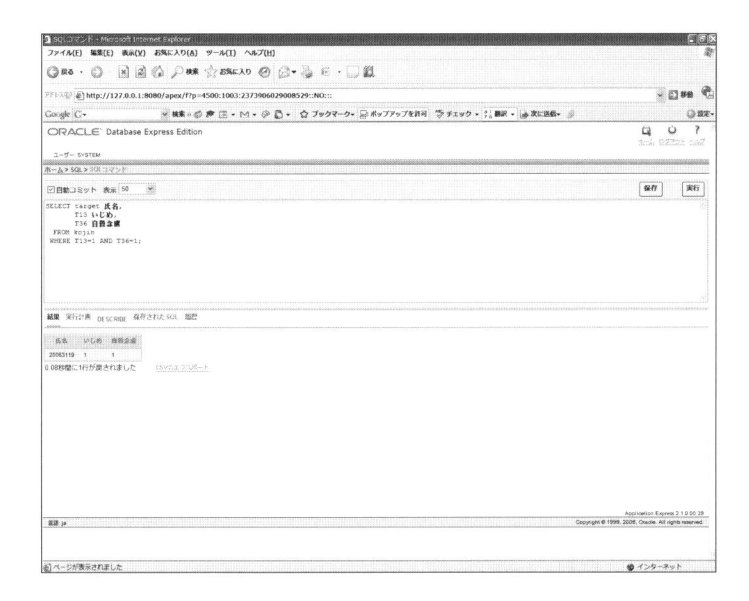

```
SELECT target 氏名,
       T13 いじめ,
       T36 自殺念慮
  FROM kojin
 WHERE T13＝1
   AND T36＝1;
```

※検索条件式の意味
　学級でいじめを受けており，なおかつ自殺したいと思ったことがある子どもを検索する。

第3節

集団の理解からコンサルテーションへ

集団のアセスメントは，たんに児童生徒個人と環境要因との関係を把握するためだけに行われるものではない。授業や生徒指導，集団活動について，チームでの展開に積極的に生かすために行われる面を忘れてはならない。

●──学級集団をアセスメントする背景

　従来，心理教育的アセスメントは，2次的援助サービスおよび3次的援助サービスが必要な児童生徒に対して援助的介入をするための，対応方針の資料を作成するプロセスとしてなされることが多かった。その流れは，次のようなものである。
①児童生徒個人の学習面，心理・社会面，進路面，健康面における問題状況の把握
②児童生徒を取り巻く環境（学校生活の状況，家庭環境）の把握
③①と②とのマッチング：児童生徒個人とそれを取り巻く環境との折り合いの検討

　この場合，学級集団のアセスメントは上記の②と③に該当する。問題を抱える児童生徒の援助的介入がおもな目的であり，環境面に関する情報を収集するための手段の一つとして行われることが多かった。

　しかし近年，「授業が成立しない」「学級集団が"烏合の衆"のようになり，教育活動が学級単位で実施できない」といった，いわゆる"学級崩壊"の問題が深刻化し，援助対象を担任教師として，学級経営への援助が求められる場合も著しく増加してきた（図1の⑤）。

　さらに，一般的な教育活動では，学級集団の状態に見合った授業を展開したり，心の教育の一環として，構成的グループエンカウンターを学級集団を単位として実施するために，学級集団の状態自体のアセスメントが行われることがある。ここ数年，学級集団の状態のアセスメントを実施したうえで取り組んだ教育実践報告も，学会などで発表されるようになってきた。この場合も，学級集団の状態自体のアセスメントが当座の目的になる。

　つまり，学級集団のアセスメントは，担任教師をはじめとした教育関係者が，学級を単位とした教育実践，生徒指導，学級経営を展開していくうえで，必要な条件ともいえる取り組みなのである。そのなかに，特定の児童生徒の学級集団との折り合いの検討も入るのである。

第3節 ● 集団の理解からコンサルテーションへ

図1：Q-Uのプロットで見る学級の状態

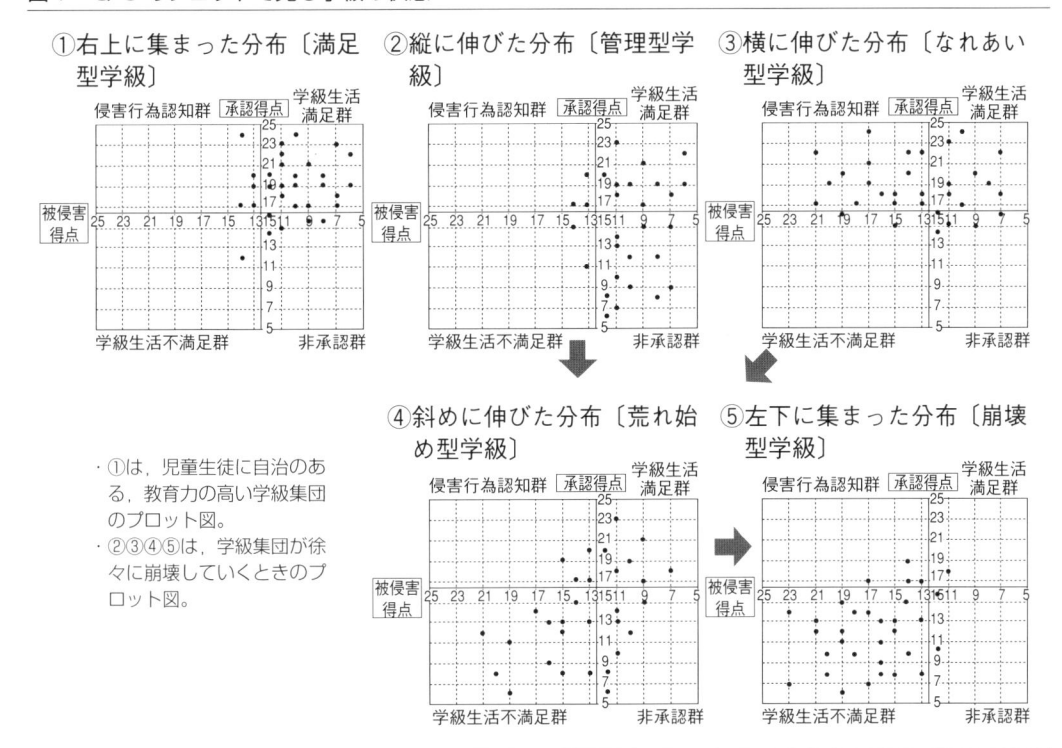

①右上に集まった分布〔満足型学級〕
②縦に伸びた分布〔管理型学級〕
③横に伸びた分布〔なれあい型学級〕
④斜めに伸びた分布〔荒れ始め型学級〕
⑤左下に集まった分布〔崩壊型学級〕

・①は，児童生徒に自治のある，教育力の高い学級集団のプロット図。
・②③④⑤は，学級集団が徐々に崩壊していくときのプロット図。

● 学級集団をアセスメントする方法

　学級集団の状態をアセスメントするためには，「観察法」「面接法」「質問紙法」の3つの情報収集方法がある。どの方法がよいのかではなく，併用することで偏りのないアセスメントが実施できるのである。

　本節では，学級集団をアセスメントする尺度として筆者が開発した「楽しい学校生活を送るためのアンケート hyper Q-U」(小・中・高等学校用) という心理尺度を紹介する。

　hyper Q-U（以下，Q-U）は，「学級満足度尺度」「スクールモラールテスト」「学級ソーシャルスキル尺度」の3つの下位尺度から構成される。全都道府県の半数以上の県や市の教育センターで，教員，スクールカウンセラーを対象に，実施・活用研修会が毎年開催されている。ここ数年は，年間100万人以上の児童生徒が活用している。学校現場に広く定着し，心理検査として標準化されている。

　Q-Uが学校現場で広く活用されているのは，次の理由による。
①短時間で実施・集計ができ，結果を視覚的にとらえることができるので活用しやすい
②学校現場で深刻化している児童生徒の問題（不登校，いじめなど）に対応している

参考文献　河村茂雄『Q-U入門』図書文化社，2006年

③学級崩壊の可能性を推測できる唯一の学級集団をアセスメントする尺度である
④尺度の結果を，複数の教師たちの観察・面接した情報を加味して検討することができる

●——Q-Uの概要と児童生徒個人の把握

　ここでは，Q-Uについて，下位尺度の「学級満足度尺度」を中心に紹介する。それは，「児童生徒個人の把握」「学級集団の状態の把握」「学級集団と個人との関係の把握」の3つが同時にできるからだ。またこの尺度が学級崩壊の可能性を推測できる尺度だからである。

　Q-Uは，児童生徒が自分の存在や行動を級友や教師から承認されているか否かを示す「承認得点」と，不適応感やいじめ・冷やかしなどを受けているかを示す「被侵害・不適応得点」の2つの得点から，児童生徒の学級生活における満足度を測る。そして，それぞれの得点を全国平均値と比較して4群に分類し，児童生徒の内面を理解する（図2）。

　4群の特徴は以下のとおりである。
①学級生活満足群：不適応感やトラブルが少なく，学級生活・活動に意欲的に取り組めている児童生徒
②非承認群：不適応感やいじめの被害を受けている可能性は低いが，学級内で認められることが少なく，自主的に活動することが少ない児童生徒
③侵害行為認知群：対人関係でトラブルを抱えているか，自主的に活動していても自己中心的な面があり，ほかの児童生徒とトラブルを起こしている可能性の高い児童生徒
④学級生活不満足群：いじめや悪ふざけを受けていて，不適応になっている可能性が高く，学級のなかで自分の居場所を見いだせないでいる児童生徒。不登校になる可能性が高い

●——Q-Uによる学級集団の状態の把握

　Q-Uを用いると，学級全体のプロットの分布から学級集団の状態が推測できる。

　例えば，図1（前ページ）の②は，一見して静かに落ち着いたような学級にみえるが，学級生活をおくる児童生徒の意欲に大きな差がみられ，人間関係も希薄な学級集団に出現するプロットである。③は，一見して元気でにぎやかな雰囲気の学級にみえるが，学級内の行動規範が低下し，係活動の遂行などに支障がみられ始め，児童生徒間で小さなトラブルが頻発している学級集団に出現するプロットである。

　そして，「授業が成立しない」「平常な学級活動が成立しない」という"学級崩壊"の状態にあるプロットが⑤である。このプロットは，④のプロットの形態を経て出現する。

　したがって，Q-Uを用いることにより，教育環境としての学級集団の状態がアセスメントでき，その学級にとって，より適切な授業や学級活動の展開への指針が得られる。

図2：学級満足度尺度のプロット図で見る4群の子ども

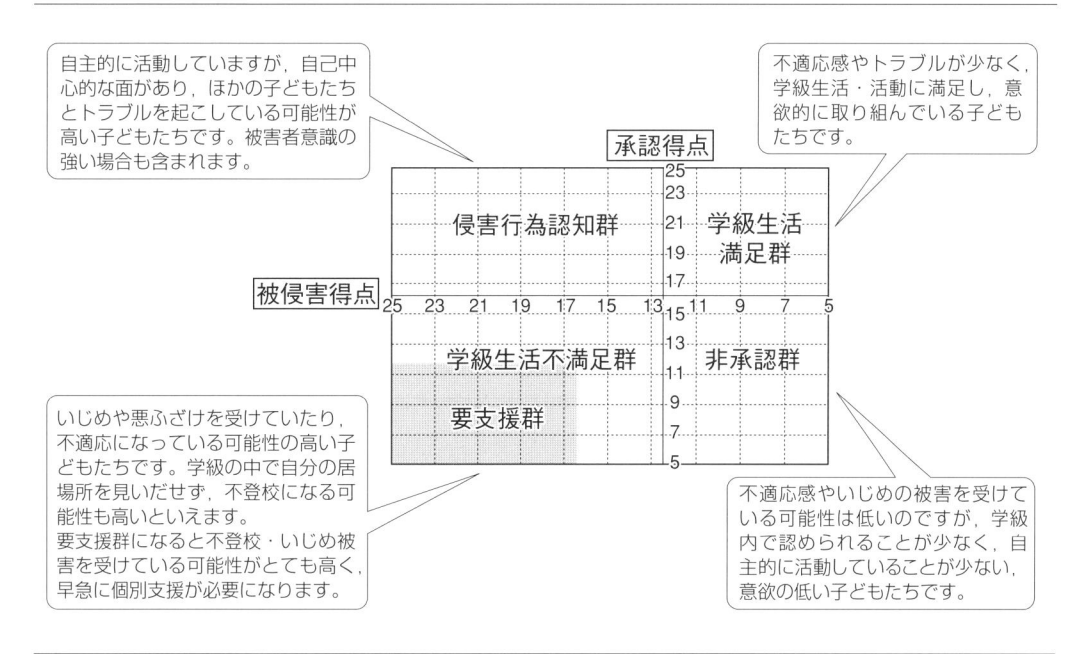

自主的に活動していますが、自己中心的な面があり、ほかの子どもたちとトラブルを起こしている可能性が高い子どもたちです。被害者意識の強い場合も含まれます。

不適応感やトラブルが少なく、学級生活・活動に満足し、意欲的に取り組んでいる子どもたちです。

いじめや悪ふざけを受けていたり、不適応になっている可能性の高い子どもたちです。学級の中で自分の居場所を見いだせず、不登校になる可能性も高いといえます。
要支援群になると不登校・いじめ被害を受けている可能性がとても高く、早急に個別支援が必要になります。

不適応感やいじめの被害を受けている可能性は低いのですが、学級内で認められることが少なく、自主的に活動していることが少ない、意欲の低い子どもたちです。

（プロット図：承認得点・被侵害得点の4象限に侵害行為認知群、学級生活満足群、学級生活不満足群、要支援群、非承認群を配置）

さらに、定期的に実施することにより、学級崩壊を予防する具体的な指針を得たり、前後の結果の変容を分析することで、教育実践や対応の有効性を検討することができるのだ。

●──Q-Uで収集された情報を援助的介入のために活用する

図1の①の学級は、学級内に児童生徒たちが受け入れている行動規範が定着し、人間関係も親和的な学級集団のときに出現するプロットである。学校現場で、「児童生徒たちの自治のある学級」といわれる学級である。教育力の高い学級集団である。

この学級に所属する児童生徒は、学習意欲、友人関係を形成しようという意欲、集団活動への参加意欲が、有意に高いことが実証されている。したがって、教師にとって、学級集団がこのようなプロットになるように対応することが、学級経営の目標になる。

Q-Uの活用に習熟している教師同士なら、事例として提示されたプロットと、簡単な担任教師の日常観察の報告をもとに、短時間で作戦会議を行うことができる。Q-Uを活用した作戦会議の進め方として、後述の「K-13法」も開発され、広く定着している。

作戦会議では、その学級にとってより適切な授業や学級活動を展開する方法、学級集団がより成熟する方向に向かうための具体的な手だてを生み出すために、各教師がもつ経験的知識や援助資源が集められ、有効な対応策が生み出されることが多い。

●──集団のコンサルテーションを効果的に進めるには

　異なった専門性や役割をもつ者同士で問題を検討するコンサルテーション（作戦会議）では，コンサルテーション自体の意義や必要性は参加者みんながわかるものの，いざかかわってみると，スムーズに問題解決にいたるような話し合いを展開させるのはとてもむずかしい。とくに，会に参加するメンバー同士の良好な人間関係は，作戦会議を成功させるための前提となるのだが，時間のないなかでそれをつくるのはむずかしいことが多い。

　同じ職場に勤務する教師同士が行う作戦会議も同様である。とくに，学級集団に関する作戦会議は，ほかの教師の指導力について言及し合うイメージがある。学校現場では，この問題を公の場で話し合うのは，長い間タブーとする雰囲気があった。したがって，ほかのメンバーの人格や能力に帰属させて議論することは，絶対にルール違反であることを徹底させて進めないと，建設的な話し合いにはならない。

　このようなあたり前のレベルの問題が学校現場では頻繁に起こり，それゆえ効果的な作戦会議が開催できない学校がとても多いのである。教師たちがこのような会に慣れていなかったり展開の仕方がわからなかったりするのが一番の原因だと思われる。したがって，「作戦会議とは何か」，そして「どのような方法論で進められていくのか」の研修会を，事前に行っておくことが必要である（誌面の都合上，この問題へのこれ以上の言及は避ける）。

　上記以外で建設的な問題解決のための作戦会議に支障となる問題は，次の点である。

①各メンバーの問題解決の目的地が一致していない（教室復帰か自我の発達かなど。そして，この点を曖昧にして展開されている場合がとても多い）

②問題をとらえる視点や解釈する理論が多種多様なのは，幅広い支援を展開するためにはすばらしいことではある。しかし，それをメンバー相互で整理し，具体的な問題解決の対応に結実させることがむずかしく，総花的か抽象的な対応に落ち着きやすい

③実証性に乏しい議論になると，議論が拡散したり精神論になりやすく，具体的な問題解決の方向が生まれにくい

④①②③の結果，作戦会議の時間がかかり，かつ開催する回数も増え続ける。参加するメンバーのモチベーションがどんどん低下していき，建設的な考えが出にくくなる

⑤④の結果，作戦会議そのものが形骸化したり，出席者の欠席が多数出て，いつのまにか開催されなくなる

　筆者が開発した「K-13法」は，学級集団をアセスメントし，効果的な作戦会議を展開する手法である。上記の①〜⑤への対処の結果生まれたものである。

　「K-13法」の前提として，話し合いは教師の人格・能力に言及しない。実施している指

図3:「K-13法」の進め方〜教師同士による学級経営作戦会議

◀事例提供者による事例の発表▶
参加者はプロット図にマークしたり,内容を書き込む。
❶ 学級のリーダーを説明します。
❷ 配慮を要する子どもを説明します。同時に,プロットされている位置が予想外の子どもがいたら説明します。
❸ 子どもたちのおもなグループを説明します(グループの特徴,リーダーについても説明する)。
❹ 学級の問題と思われる内容を説明します。
❺ 参加者は事例提供者に疑問点・確認したい点を質問し,答えてもらいます。

◀アセスメント▶
❻ 参加者(事例提供者も含めて)が,考えられる問題発生・維持の要因を,できるだけ多くカードに書きます。
❼ 全員のカードを出し合い,似た内容のもの同士を集めて画用紙にはりつけ,それぞれに小見出しをつけます。
❽ カードのはられた画用紙を,重要だと思う順番に並べます。そう考えた理由を発表し合い,全員で協議して,いちおうの統一見解・仮説をつくります。

「私は〜だから〜と思う」という,アイ・メッセージで発表します。

◀対応策の検討▶
❾ ❽で考えた問題の要因に対する,解決法をできるだけ多くカードに書きます。抽象論ではなく,具体的な行動レベルで記述し,事例提供者が現状の力量で,現実的に取り組める内容にします。
❿ ❼と同じように整理します。
⓫ ❽と同様に順番をつけ,話し合って統一の対応策をつくります。
目的地を明確にし,1か月後のサブゴールも明確にします。
⓬ 事例提供者が不安に思う点,懸念される問題点について,対処策を確認します。

◀結論と決意の表明▶
⓭ 事例提供者が,取り組む問題と,具体的な対策をみんなの前で発表します。全員の拍手をもって終了します。

河村茂雄『Q-U入門』図書文化社,p72より
※カードや記入シートは『CD-ROM Q-U実践講座』にある。

導行動と結果のズレから,修正した指導行動,具体的な展開を提案するものである。

①児童生徒の学級・学校生活の満足感を上げることを目的にする。その指標として,Q-Uの得点を目安にする

②児童生徒の満足感のとらえ方に,「被侵害感」と「承認感」の視点を基準に据える。かつ,学級集団の状態のとらえ方に,「ルールの確立度」と「リレーションの確立度」の視点を基準に据える

③全国データをもとに公表されているQ-Uの知見(本になっている)から,有効性が確認されている問題解決策を優先的に活用する

④参加者全員のQ-Uと「K-13法」の理解を徹底し,30分程度で作戦会議が終了するようにする

その結果,問題点の⑤も解消される。そして何よりも,作戦会議を通して,集った教師間に連携が生まれ,話し合うプロセス自体が,学級経営の貴重な研修会になり,教師相互のチームワークを高める手段にもなるのである。Q-Uは,問題をとらえる基準となり,議論する際の共通の言語となり,かつ実証性を保障してくれる尺度である。

効果的な作戦会議を展開するには,このような尺度を用いるのが早道だろう。

[河村茂雄]

参考文献 河村茂雄他編『Q-Uによる学級経営スーパーバイズガイド 小学校編・中学校編・高等学校編』図書文化社,2004年(K-13法については18〜22P)

第 4 節

発達障害の理解から支援計画へ

特別支援教育は日本の教育の基本的な考え方の変換を示すと考えられる。障害名ではなく，教育的ニーズを基礎とした指導や支援が提供される。特別支援教育の考え方と教育的ニーズをベースにした指導と支援の方針づくりのアセスメントについてふれる。

●――発達障害の理解と特別支援教育の考え方

　児童生徒一人一人の教育的ニーズに応じた適切な指導と必要な支援が，どの学校においても行われることが求められている（平成19年4月1日19文科初第125号通知）。とくに，知的な遅れを伴わない発達に偏りのある児童生徒に対しても，それぞれの教育的ニーズに応じた支援と指導を行うこととされており，特別支援教育が特殊なものではなく，一般的に学校で実施される教育活動のなかで対応されるものとされている。

　杉山（2007）は，発達障害を「子どもの発達の途上において，何らかの理由により，発達の特定の領域に，社会的な適応上の問題を引き起こす可能性がある凸凹を生じたもの」とまとめている。凸凹が生じる特定の発達の領域については，認知，学習能力，言語能力，社会性，粗大運動，微細運動，注意力，行動コントロールなどの分類をして検討可能だ。これらは，相互に関連し合ってさまざまな組み合わせで発達の凸凹を形づくる。大多数は先天的であり，そうでないものも比較的低年齢時のほかの疾患の後遺症等によるとされる。

　発達障害のある子どもたちの示す発達の凸凹は，適切な療育等によって発達を促したり，ほかの機能によってカバーしたりすることで改善していける。この発達の凸凹を詳細に理解していくことが，特別支援教育のための療育や代替を適切に行うヒントになる。

　発達障害が疑われる子どもの教育的ニーズに応じた適切な指導と必要な支援は，発達の凸凹を理解し，その子のもつ困難や特徴を理解することから始められる。特別支援教育において，当該児童生徒が抱える困難に対するアセスメントを深めるよう求められている。

●――心理教育的アセスメント

　一人一人の教育的ニーズに応じた適切な指導と必要な支援を考えるために，特定の対象にかかわる「情報の収集」と，「収集した情報の統合・整理・意味づけ」をし，仮説を導

参考文献　杉山登志郎『発達障害の子どもたち』講談社，2007年
　　　　　福沢周亮・石隈利紀・小野瀬雅人責任編集『学校心理学ハンドブック―「学校の力」の発見―』
　　　　　教育出版，2004年

第4節 ● 発達障害の理解から支援計画へ

図1：心理教育的アセスメントの流れ

```
情報収集
    ↓
        量的データ
            認知機能の検査（WISC-III，K-ABC，DN-CAS，田中ビネーV，その他）
            状態像を知るチェックリスト（LDI，AQ，YSR（ASEBA），その他）
        質的データ（聞き取り，観察，作品・成果物・課題等のチェック，その他）
情報の統合・分析
    ↓
        収集したデータ＋発達や学習，認知などの心理学的知識＋想像力
            ↓
        子どもの教育的ニーズの確認
        子どもの自助資源・援助資源の確認
支援案の作成
    ↓
        目標の設定（すぐやること，今年度やること，将来に向けてやること）
            ＋
        すぐやることについての具体的な方法や支援者の決定
            ＋
        今年度やることについての見通しまたは具体的な日程や方法，支援者の決定
（指導・支援の実施）
（指導・支援の効果の評価）
```

き出す解釈によって，効果的な支援とその方法に関するアイデアを得ることを行う。この手続きを心理教育的アセスメントという（図1参照）。

● 情報収集

周囲の適切な対応で状態像や発達のあり方が変化しうる発達障害を抱える子どもにとって，とくに欠かせない指導・支援のステップが情報収集である。情報収集には，各種心理検査等を用いた「量的な情報の収集」と，行動観察や周囲の人や関係者との面接などによって得られる「質的な情報の収集」が考えられる。

①量的な情報の収集——心理検査等の活用

発達に凸凹があると考えられる子どもの教育的ニーズを検討するためには，個別式知能検査などを中心として，同年齢群の子どものサンプルとの比較と個人内の得意不得意が確認できる「認知機能検査」の使用が有効である。

・13の異なる認知機能を測定する下位検査から全検査IQ，言語性IQや動作性IQと4種類の指標を擁する日本版WISC-III

・情報処理スタイルに注目し，同時処理尺度，継次処理尺度と習得度尺度を擁した日本版K-ABC

・PASS理論を援用し，12の下位検査を用いて認知機能の特徴を同時処理，継次処理，注意，プランニングの側面から理解しようとする日本版DN-CAS

・年齢級を用いて，どのような課題がどの年齢でどの程度通過できるかを基準に知的な機能をとらえる田中ビネーVなど

各種検査で得られる情報は行動のサンプルであり，直接的に特性や能力を明らかにする

参考文献 倉本英彦・上林靖子・中田洋二郎・福井知美・向井隆代・根岸敬矩「Youth Self Report（YSR）日本語版の標準化の試み—YSR問題因子尺度を中心に—」『児童青年精神医学とその近接領域』第40巻第4号，329-344頁，日本児童青年精神医学会，1999年
内山喜久雄・山口正二編著『実践生徒指導・教育相談』ナカニシヤ出版，1999年

ものではないが，その他の行動の資料や継続的な情報との関連のなかで解釈することで，検査を受けた子どもの特性や能力について推測する手がかりとなる。心理検査の実施や解釈にあたっては，専門家への依頼なども考慮に入れ，安易に誤用しないよう配慮する。

「チェックリスト」などを用いて，現在の子どもの状態像をとらえることも役に立つ。LD判断のための調査票LDI-RやAQ児童用（日本語版），YSR（日本語版）などは，日本人を対象として標準化された発達障害に関係する信頼できるチェックリストであるし，各県や市町村の教育委員会などで，発達に関するチェックリストを提供している場合もある。

②質的な情報の収集

質的情報の収集法は，聞き取り（面接）や観察，作品・成果物・課題のチェックがある。

聞き取り（面接）は，対象となる子どもや，その子どもとかかわりのある人々などから，情報を教えてもらうのである。このことを通じて，「対象の子どもが何に困り，どのような支援を必要としているのか」「かかわりのある人々が子どもの困っている状況をどのようにとらえ，どうなることを望んでいるのか」といった点が見えてくる。発達に凸凹のある子どもの場合はとくに，関係性のなかで見えてくる困った状況が異なり，凸凹に対する理解の程度によって，困難な点や特徴についての誤解を受ける場合もある。したがって，複数の関係のある人たちからの情報収集によって，そういった見方の違いなどから子どもの得意なことや苦手なことが見えるため，有意義なものである。

観察による情報収集は，最も基本的であり比較的簡易な方法である。日常の学習場面や生活場面で対象の子どもの具体的な行動や，周囲，環境とのかかわり方などについての情報を得ることができる。「何に焦点を当てて観察するのか」「どのような形で記録するのか」をあらかじめ明確にしておくと，情報がまとまり，支援の方法を考えやすくなる。

その子ども自身の作品や課題などの出来や，作成にかかった時間などの情報も，子どもの能力や精神的な状態を知るうえで非常に参考になる。

◉──情報の統合・分析（まとめる・解釈）

得られた情報は，そのままでは子どもの一側面を教えてくれる断片に過ぎない。これらの情報をすべて考え合わせて，規則性やユニークさを見いだしたり，意味づけをしたりして解釈をしていく。この作業を的確に行っていくには，発達や学習，認知などの心理学的知識，想像力などが必要になる場合もある。このことから，複数の人間が協力して解釈を進めることも助けとなる。情報をまとめる際にはその子どもの，得意なことやできること，援助の必要な部分とその部分の現在の状況，学習スタイルを検討する必要がある。さらに得意な場面や苦手な場面での環境がどのようであるかに着目し，指示方法や環境の改善も

参考文献　上野一彦・篁倫子・海津亜希子『LDI-R LD判断のための調査票』日本文化科学社，2005年

図2：参考例：情報収集から支援案作成への実際（ボストン市のIEPより）―記入例―

個別教育支援計画＜生徒に関する記述部分のみ＞

生徒氏名：A　　生年月日：○年×月△日　　IEP期間：△年度から□年度

1．児童生徒の行動記録
記載内容：(A)得意なこと・できることの記述；(B)援助の必要な部分の記述；
(C)別紙の目標と方法に対応する援助が必要な部分の行動の現在の状態

(A)
・言葉によって物事を理解すること，言葉で表現することができる。
・体を動かすこと（運動）が得意。毎日早起きして部活の朝練習に通っている。
・既知の状況では，物事に意欲を持って取り組むことができる。

(B)
・抽象的な物体や事柄を見て理解することが苦手である。
・このことから，学習においては集団のみの学習において抽象性の高い学習内容を理解・習得することがむずかしく，とくに数学や理科などの学習で困難を示す。
・また，社会的場面では他者や周囲の様子を見て，状況を把握したり，言葉の裏側にある意図を読み解いて気づくことがむずかしく，適応的な行動をとりづらい。
・心理的な欲求不満場面や葛藤場面において自らの感情を適応的なやり方で解消したり，常識的な判断をして行動することが苦手であり，また衝動的な面がある。

(C)
・主要5教科のテスト合計が100点に満たない。宿題や課題の提出ができない。
・学級内で，級友とのトラブルが週に1，2度ある。
・万引き・喫煙の問題が過去1年で4回起こっている。
・情緒的に混乱し，突然怒り出したり，死ぬといったり，暴力を振るったりすることがある。

2．児童生徒の指導のための記録
記載内容：(A)生徒の学習方法；(B)指示方法やクラス内，その他の場面での教育上の工夫など

(A)
・苦手意識が強く，あきらめているような発言が多い。こだわりが強く，関心を持った学習にしか意欲的に取り組めない。何をすればよいか明確な状況でなければ取り組まない。

(B)
・指示は言葉で明確・具体的に示す。命令口調や威圧的態度は避けつつ，どのような行動がよく，どのような行動が悪いのかを一緒に考えたり示したりする。

3．目標と方法

年間目標＃1：
学習に取り組めるようになる

［方法と評価手続きおよびスケジュール］

① 方法：　　数学について，つまずいている学習箇所と，そのレベルを確認する
　評価手続：　○年×月△日，学校心理士が学習達成テストを実施する
　評価スケジュール：　○年×月△△日までに結果と援助案を担当者にレポートする

② 方法：　　援助案のレポートを元に数学の個別学習を進める
　評価手続：　担当者により数学学習進度の報告
　評価スケジュール：　○年×月△日までに学習進度をレポートする

③ 方法：　　理科について，授業終了後5分度個別の質問時間を設定し学習内容の確認をする
　評価手続：　理科教科担任の記録。および単元ごとのテスト成績確認
　評価スケジュール：　単元終了ごとに小テストを行い学習内容の定着を確認している

④ 方法：　　どの授業においてもていねいかつ明確な言語的教示によって指導をしてもらえるよう伝達する。
　評価手続：　○年×月△日，担任が授業のわかりやすさについて本人から調査する
　評価スケジュール：　○年×月△日　放課後

［達成報告情報］

＊達成報告は少なくともセメスターに一度，提携・私立校の児童生徒は年4回の達成報告をする。年間達成報告書作成する。

考慮しなければならない。収集したデータから児童生徒のニーズや自助資源・援助資源を導く参考として米国ボストン市のIEP（Individualized Education Plan）の例を図2に示す。

●――支援案の作成から支援の実際へ

　子どもが最も困っていると思われる部分の具体的な改善をめざして，支援をする焦点を具体的に絞り込み，具体的な目標を設定していく。次に，その目標を達成するために考えられる具体的な手だてを設定していく。

　そして，手だてにそって支援を行い，その結果どう変わったかなどについて評価する。これらのプロセスは，校内の委員会など，指導および支援にかかわる人々で共有して進めることが望ましい。その結果，本人の努力が認められた場合や，目標を達成した場合は，その子どものがんばりを賞賛する。また，状況が変わらない場合には，外部の専門家などの活用も図りつつ，目標の設定や，課題の内容，具体的な手だての設定などを見直す。

　学年が変わるときや，学校が変わるときにも，一連の取組みの結果を個別の指導計画に記録することが望まれる。引継ぎには，個別の指導計画を渡すだけでなく，時間をとって話し合いをもつことや，進学や転学等に際しても，適切な指導が一貫して行われるよう，計画が引き継がれていくことが大切である。

［今田里佳］

参考文献　若林明雄・内山登起夫・東條吉邦・吉田友子・黒田美保・サイモン.バロン―コーエン・サリー.ウィールライト「自閉症スペクトラム指数（AQ）児童用・日本語版の標準化―高機能自閉症・アスペルガー障害児と定型発達児による検討」『心理学研究』vol.77，No.6，534-540頁　日本心理学会，2006年

資料 アセスメントに役立つ教育・心理検査

分類	検査名	適用年齢	発行元
認知能力	田中ビネー知能検査V	幼児～成人	田研出版
	K-ABC	2歳6か月～12歳11か月	図書文化社
	田中B式知能検査	小学1年～高校1年	田研出版
	新学年別知能検査サポート	小学1年～高校1年	図書文化社
	東大A-S知能検査	小学2年～高校3年	東京心理
学力	標準学力検査CRT（教科別）	小学1年～中学3年	図書文化社
	標準学力検査NRT（教科別）	小学1年～中学3年	図書文化社
	領域別標準学力検査（教科別）	小学1年～中学3年	田研出版
	DRT観点別到達度学力検査（教科別）	小学1年～中学3年	田研出版
性格・行動	MULTI 生徒理解の多面調査	中学～高校	大阪心理出版
	STEP 生徒理解の綜合調査	小学4年～高校	大阪心理出版
	シグマ（Σ）教育相談綜合調査	中学～高校	大阪心理出版
	クレペリン	中学～成人	雇用問題研究会
	Student-MIND（マインド）中学生の問題診	中学	東京心理
	M-G 本明・ギルフォード性格検査	小学4年～高校3年	図書文化社
	POEM 児童生徒理解カード	小学～高校	図書文化社
	PUPIL 生徒指導検査	小学4年～高校3年	図書文化社
	はびっと基本的生活習慣検査	小学～中学	図書文化社
キャリア	一般職業適性検査	中学2年～大学	雇用問題研究会
	職業レディネステスト	中学2年～大学	雇用問題研究会
	PASカード	中学1年～3年	図書文化社
	進路適性検査DSCP	高校1年～3年	実務教育出版
	進学適性検査DASH	高校1年～3年	実務教育出版
	進路コンパス	中学1年～3年	田研出版
適応性他	LSI 学習状態診断検査	小学1年～中学3年	田研出版
	LS 学習スタイル発見調査	中学～高校	大阪心理出版
	新版AAI学習適応性検査	小学～高校	図書文化社
	菅野純のKJQ調査	中学～高校	実務教育出版
	Q-U/hyper-QU	小学～高校	図書文化社
	学校生活サポートテスト	中学～高校	田研出版
	新親子関係検査	小学1年～中学3年	田研出版

※日本教育・心理検査目録（日本心理検査協会）より抜粋

第4章

ガイダンスカリキュラム

第1節 ガイダンスカリキュラムとは

ガイダンスカリキュラムとは，明確な教育目標と構造化されたカリキュラムによって構成された，すべての子どもを対象とした開発的・予防的なインストラクショナル（教授）プログラムである。

●——スクールカウンセラーの提供サービスとしてのガイダンスカリキュラム

ガイダンスカリキュラムがどのようなものであるかについて，アメリカのスクールカウンセリングを例に考えてみる。テキサス州のスクールカウンセラー協会（Texas School Counselor Association, 2001）が作成したパンフレットには，冒頭に「チャレンジ」と題して，スクールカウンセラーの役割と提供サービスについて記述されている。

> すべての子どもたちは学習することができます。しかし，トラブルにみまわれている子どもたちは，容易には学習することができません。スクールカウンセラーは，彼らを援助できます。家庭崩壊，薬物乱用，児童虐待，貧困，暴力，自殺によって，たくさんの子どもたちが多くのストレッサーの中で，教育的失敗やドロップアウトの危機に直面しています。両親や保護者の協力による早期の介入は，重要な役割を果たします。直接的サービスを提供するガイダンスプログラム，すなわち専門的トレーニングを受けたカウンセラーによって提供されるガイダンスプログラムは，21世紀の学校の予防努力の重要な要素です。

日本のスクールカウンセラーは臨床心理士資格をもつ者を主とし，カウンセリングによる個別面談を行う。「ガイダンスプログラム」（ガイダンスカリキュラム）という言葉は聞き慣れておらず，それを重視するアメリカのスクールカウンセラーに違和感を抱くかもしれない。

また，同州が発行している「総合的・発達的ガイダンス＆カウンセリングモデル」の2004年版ガイドブック（Texas Education Agency, 2004）では，総合的・発達的スクールガイダンス＆カウンセリングプログラムの構成要素として，次の4つを掲げている。

参考文献　The Texas School Counselor Association 2001 *Texas school counselors: someone your child can turn to in the school setting.*
Texas Education Agency 2004 *A model comprehensive, developmental guidance and counseling program for Texas public schools, A guide for program development pre-K-12th grade.*

表1：構成要素の学校段階別の配分比率

構成要素	小学校	中学校	高　校
ガイダンスカリキュラム	35～45%	35～40%	15～25%
即応的サービス	30～40%	30～40%	25～35%
個別計画	5～10%	15～25%	25～35%
システムサポート	10～15%	10～15%	15～20%

①ガイダンスカリキュラム（Guidance Curriculum）

　すべての児童生徒の基礎的ライフスキルの発達を目的とした，ガイダンスカリキュラムである。系統的かつ計画的に，児童生徒のライフスキルを育成する，開発的かつ予防的な教育活動である。テキサス州では，自信をつける，達成への動機づけなど7つの内容領域が設定されている。これらの内容領域ごとにガイダンス単元を設計し，集団指導によって幼稚園就学前から高校段階まで系統的にライフスキルを育成する。

②即応的サービス（Responsive Services）

　即応的サービスの目的は，学業的・キャリア的・個人的−社会的発達上の危機に直面している子どもたちの問題解決にある。おもに，個別カウンセリングが中心となるサービス活動である。例えば，最優先トピックとしては，「学業的成功，青少年の自殺，児童虐待やネグレクト，中退，薬物乱用，妊娠，ギャング，ハラスメント」などがあり，これらに加えて，「出席，学校への態度や行動，仲間関係，学習スキル，新入生，トラウマ」などへの介入や事後介入，「校内暴力，キャリアに関する不安，経済的援助，カレッジ選択，家族や友人の死，家庭内の虐待とハラスメント」などがある。

③個別計画（Individual Planning）

　個別計画の目的は，すべての子どもが自己の学業的・キャリア的・個人的−社会的発達にかかわる計画立案，モニター，管理ができるようにすることである。例えば，学業的な発達では，「学習スキルの習得・教育的機会の認識・適切なコース選択・生涯学習・テスト得点の活用」，キャリア的発達では，「潜在的なキャリア機会に関する知識・キャリアと専門的トレーニングに関する知識，積極的な労働習慣に関する知識」，個人的−社会的発達では，「健康的な自己概念の発達，適応的な社会的行動の発達」などである。

④システムサポート（System Support）

　システムサポートは，前述の3つの構成要素が子どもたちへの直接的サービスであるのに対して，間接的に機能するサービスであり，マネジメント活動である。例えば，「ガイ

参考文献　中野良顯・花屋哲郎「米国総合的学校ガイダンス＆カウンセリングプログラムの分析と日本の生徒指導の再構築」『進路指導研究』18（1），27-38頁，1997年
中野良顯『ピア・サポート―豊かな人間性を育てる授業づくり（実例付）』（第4章「ガイダンス・カリキュラムとしてのピア・サポート・プログラム」参照）図書文化社，2006年

ダンスプログラムの開発，保護者教育，教師に対するコンサルテーション，スタッフディベロップメント，学校改善プランへの参加，カウンセラーの職能開発，全国あるいは州レベルのテストプログラムの実施，リサーチプロジェクトへの協力，地域サービス」などがある。

さらに，これらの4つの構成要素の標準的な配分比率（州推奨）が，表1のように発達段階別に示されている。配分比率は，発達段階によって変動する。ガイダンスカリキュラムは，小・中学校段階における中心的な要素である。対照的に，高校段階では，ガイダンスカリキュラムの比率が減少し，個別計画の比率が増加している。

◉──ガイダンスカリキュラムの特色

アメリカのスクールカウンセリングにおけるガイダンスカリキュラムの重視は，アメリカスクールカウンセラー協会（American School Counselor Association：ASCA）が，1997年に策定した「スクールカウンセリングプログラム国家基準」（キャンベル＆ダヒア，2000）と，2003年に策定された「スクールカウンセリングに関する国家モデル」にみられる。スクールカウンセリングプログラムは，「範囲において総合的であり，意図において予防的であり，性質において開発的（発達的）である。」（ASCA，中野訳，2004，P.17）と明記されている。

スクールカウンセリングプログラムでは，子どもたちの学業的発達，キャリア的発達，個人的-社会的発達の3つの発達領域に関して，望ましい学習能力（ラーニング・コンピテンシー）を設定し，幼稚園から小学校・中学校・高等学校の各学校段階・学年段階ごとに，計画的・系統的な発達援助を行う。能力開発型のスクールカウンセリングプログラムの中核的な提供サービスが，ガイダンスカリキュラムである（表2参照）。

ガイダンスカリキュラムの特色を，スクールカウンセリングの国家モデルを参考に整理してみると，以下のようになる。

①構造化された開発的・予防的なインストラクショナルプログラムである

構造化された意図的な授業を通して，自己理解・スタディスキル・意思決定スキル・問題解決スキル・対人コミュニケーションスキル・キャリア計画などの学習能力の育成を行う。したがって，インストラクショナル（教授）プログラムである。

②明確な教育目標をもった系統的・計画的なカリキュラムである

明確な教育目標に基づいて構成されたガイダンス単元による，系統的・計画的授業や集団活動を通じて，子どもたちは，自己発見，自己理解，他者理解，職業理解などの発達課題を乗り越え，学校や社会で生きるための力を獲得する。また，ガイダンスカリキュラム

参考文献

C. キャンベル＆C. ダヒア，中野良顯訳『スクールカウンセリング・スタンダード―アメリカのスクールカウンセリングプログラム国家基準―』図書文化社，2000年
米国スクール・カウンセラー協会，中野良顯訳『スクール・カウンセリングの国家モデル―米国の能力開発型プログラムの枠組み』学文社，2004年

表2：伝統的なカウンセリングとスクールカウンセリングの対比

伝統的なカウンセリング	スクールカウンセリング
治療的・介入的	開発的・予防的
個人へのカウンセリングの重視	集団へのガイダンスの重視
一部もしくは特定の子どもが対象	すべての子どもが対象
カウンセラー個人のサービスが中心	系統的で構造化されたプログラムの提供が中心
成果や結果責任が曖昧で測定困難	成果や結果責任は明確で測定可能
カウンセラー主導型の実践	カウンセラーと学校スタッフによる協働型の実践

は，何をどの程度子どもたちが学習するのかというスコープ（領域内容や範囲）と，発達段階に応じてどのような順序で学習するのかというシークエンス（学習内容の配列や順序）を組み合わせて作成される。

③発達段階に応じて段階的，継続的に，知識やスキルの習得をめざす

　ガイダンスカリキュラムは，学校全体のカリキュラムに組み込まれて，幼稚園から高校まで，段階的かつ継続的に提供されることによって，すべての子どもに必要な知識やスキルを育成することをねらいとしている。

④ガイダンスカリキュラムの教育効果は，査定可能である

　ガイダンスカリキュラムは，教育目標，対象，内容，方法，予想される成果（アウトカム）などが事前に文書化されている。したがって，すべての子どもたちが目標どおりの知識やスキルを習得したかどうかは，事前事後テストや成果物などによって査定可能である。

●──日本におけるガイダンスカリキュラムの実践

　日本の生徒指導では，ガイダンスカリキュラムやガイダンスプログラムという用語は定着していないが，教育現場では，アメリカのスクールカウンセリングの主旨と類似した開発・予防的なスキル育成プログラムの実践が始まっている。

　日本におけるガイダンスカリキュラムの先駆的な実践としては，2005年から開始している千葉県教育委員会の「人間関係づくりのための実践プログラム」，さいたま市教育委員会の「人間関係プログラム」（HRT：ハートプログラム），2007年開始の横浜市教育委員会の「子どもの社会的スキル横浜プログラム」がある。このほか，國分・清水（2006-2007）による社会性スキルの育成，中野（2006）のピア・サポート・プログラムがある。

[八並光俊]

参考文献　國分康孝監，清水井一編『社会性を育てるスキル教育　35時間』（小学1年生〜中学3年生）図書文化社，2006-2007年

第2節

ガイダンスカリキュラムの全体像
「子どもの社会的スキル横浜プログラム」に着目して

> 「子どもの社会的スキル横浜プログラム」は、コンピテンシーとしての「人間関係形成能力」の育成をめざすガイダンスカリキュラムである。子どもたちの人間関係形成が困難な状況を緩和する重点プログラムが配列されている。

●──横浜プログラムがめざすもの

　昨今の子どもたちを取り巻く厳しい状況として、人間関係や社会性・規範意識の希薄化が各方面で叫ばれている。中教審答申を受けた今回の学習指導要領の改訂においても、とくに特別活動領域では「人間関係」がキーワードとなっている。また、国際標準といわれるOECD（Organization for Economic Cooperation and Development：経済協力開発機構）のPISA型学力の基盤となるキーコンピテンシー（主要能力）として、「人間関係形成能力」が注目されている（ライチェン他、2006年）。

　こうした国内外の動向のなかで、横浜市教育委員会（2007年）は、子どもたちの人間関係形成能力の育成をめざしたガイダンスカリキュラムとして、「子どもの社会的スキル横浜プログラム」（以下、横浜プログラム）を作成している。

　そこで、本節では筆者も監修者の一人として作成にかかわってきた、横浜プログラムの基本構造と実施上の留意点について、子どもたちの最近の気になる状況とその背景を踏まえて論じていきたい。

●──ガイダンスカリキュラムの必要性
　　～子どもたちの人間関係形成の困難状況とその背景～

折り合いがつけられない

　横浜プログラムでは、子どもたちの最近の気になる状況として、自分自身や仲間、所属集団との折り合いがつけられずに苦しむ彼らの状況に注目している（図1）。「折り合いがつけられない」とは、例えば自分自身に対して一定の距離が保てず、過大評価と過小評価の間を振り子のように揺れ動く不安定な状況を指している。こうした状況は、自分自身に対してだけではなく、仲間や所属集団との関係においてもみられる。

参考文献　D. ライチェン他編著、立田慶裕監訳『キー・コンピテンシー』明石書店、2006年
岡田守弘・犬塚文雄監修『子どもの社会的スキル横浜プログラム』横浜市教育委員会、2007年
横浜市教育委員会ホームページ：http://www.city.yokohama.jp/me/kyoiku/plan_hoshin/skill.html

図1：子どもたちの気になる状況とその背景

```
児童期・青年期の発達課題（知と進路の土台づくり）に負の影響
              ↑
人間関係形成の困難状況
  ・自分自身や仲間，所属集団との折り合いがつけられず苦しんでいる状況
  ・"big I, small we" と "small I, big we" の二極化傾向
              ↑
背景要因としての就学前の発達課題の積み残し（基本3体験の不足）
  ・幼児期後期（社会面の土台づくり）－群れ合いの体験
  ・幼児期前期（意志面の土台づくり）－がまん体験
  ・乳児期　　（情緒面の土台づくり）－被受容体験
```

二極化する子どもたち

　しかも，二極化傾向が懸念される。「二極化」とは，"big I, small we" と "small I, big we" の状況である。前者は，例えば "われわれ感情" が希薄化した，独りよがりで身勝手な，"自己チュー" 的な動きを示す子どもたちに代表される。こうした動きを示す子どもたちのなかから，いじめの加害者が現出することはたしかであり，安全が脅かされる事態に対するゼロトレランス（寛容度ゼロ）は，過度の "big I, small we" の状況に歯止めをかける毅然とした対応のシンボル的存在といえるであろう。

　ところで，いじめの問題には，もう一方の極である "small I, big we" の状況もからんでいる。この状況は，例えば自分を押し殺してでも周りに合わせようと神経をすり減らしている子どもたちの動きに代表される。ほんとうはいじめに加担したくないのだが，加担しないと自分がターゲットにされかねないという恐れや不安から，はやし立てる "観衆" の役回りや，見て見ぬふりをする "傍観者" の役回りをとる子どもたちがあとをたたない。この観衆や傍観者の層に影響を及ぼしているのがピアプレッシャー（仲間関係における同調圧力）であり，ピアプレッシャーに象徴される "small I, big we" の状況を含めた二極化の緩和にどのように取り組んでいくかが，生徒指導の今日的な課題となっている。

発達課題の積み残し

　横浜プログラムでは，子どもたちの気になる状況の背景にあるものとして，就学前の発達課題の積み残しにも注目している。とくに，乳児期の発達課題である情緒面の土台づくりに欠かせない "被受容体験"，同じく幼児期前期と後期の発達課題である意志面と社会

参考文献　岡田守弘・犬塚文雄監修『子どもの社会的スキル横浜プログラム：Y-P アセスメントシート活用ハンドブック』横浜市教育委員会，2008

第4章●ガイダンスカリキュラム

面の土台づくりに欠かせない"がまん体験""群れ合い体験"の3つの基本体験の積み残しが，児童期以降のいじめの加害者や観衆・傍観者の層に影を落としていることは明らかである。こうした基本3体験は，これまでは家庭教育や地域の教育力で充足してきたものであるが，カバーしきれない厳しい状況が続くなか，近年では学校教育が補充の場としての役割を果たすことが求められている。基本3体験の補充は，児童期・青年期の発達課題である「知」と「進路」の土台づくりにとって，すなわち，たしかな学力の育成とキャリア形成にとって，ないがしろにできないものである。この基本3体験を，いかにバランスよく補充していくかについても，生徒指導の重要な今日的課題となっているといえるであろう。

●──ガイダンスカリキュラムの基本構造とは～横浜プログラムの場合～

図2は，ガイダンスカリキュラムとしての横浜プログラムの基本構造を，代表的な人間関係形成の困難な状況とからめて示したものである。以下に，その6つの特徴をあげてみたい。

①横浜プログラムは，69のプログラムで構成されている。いずれも，横浜市の現職教員が共同開発し，公教育に携わるすべての教員が実施可能な，開放性のプログラムとなっている（『横浜市教育委員会ホームページ』からダウンロードが可能）。一部の有資格者しか活用できないライセンス方式をとっていない点が第1の特徴といえる。

②子どもたちが自分らしさを発揮しつつ楽しめる"集団遊び"的要素の高いプログラムを通して，16の基本的な社会的スキルのいずれかの獲得をめざしている点が第2の特徴である。この特徴は，生徒指導の"車の両輪"といわれる「個性の伸長」と「社会性の涵養」をバランスよく育成するための方向性を示すものであり，「あたたかい学級づくり」と「規範意識の育成」の融合をめざすものでもある。ガイダンスカリキュラムとしての真価が，まさに問われるところである。

③16の基本的な社会的スキルを，3群3領域の5層で構造化している点が第3の特徴である。横浜プログラムでは，自分自身や仲間，所属集団との折り合いがつけられずに苦しんでいる子どもたちの状況に対して，それぞれ重点的に折り合いをつけていくための「自分づくりスキル群」「仲間づくりスキル群」「集団づくりスキル群」を設定している。仲間づくりスキル群は，さらに「かかわり」「共感・配慮」「自己表現」の3領域で構成されている。

以上の5層構造により，図2（右）の人間関係形成の困難状況緩和の重点プログラムが配列されている。

第2節●ガイダンスカリキュラムの全体像

図2：横浜プログラムの基本構造と人間関係形成の困難状況

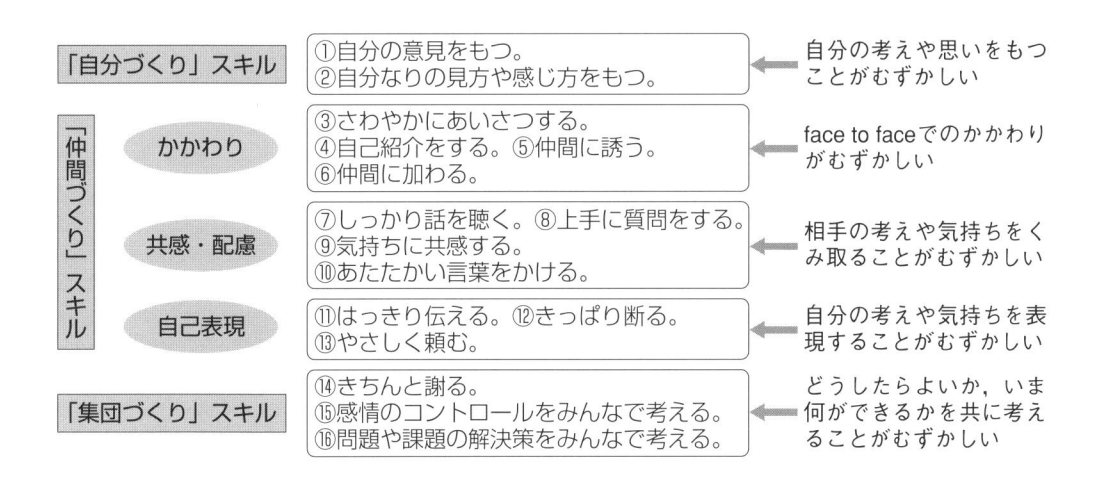

「自分づくり」スキル		①自分の意見をもつ。 ②自分なりの見方や感じ方をもつ。	← 自分の考えや思いをもつことがむずかしい
「仲間づくり」スキル	かかわり	③さわやかにあいさつする。 ④自己紹介をする。⑤仲間に誘う。 ⑥仲間に加わる。	← face to faceでのかかわりがむずかしい
	共感・配慮	⑦しっかり話を聴く。⑧上手に質問をする。 ⑨気持ちに共感する。 ⑩あたたかい言葉をかける。	← 相手の考えや気持ちをくみ取ることがむずかしい
	自己表現	⑪はっきり伝える。⑫きっぱり断る。 ⑬やさしく頼む。	← 自分の考えや気持ちを表現することがむずかしい
「集団づくり」スキル		⑭きちんと謝る。 ⑮感情のコントロールをみんなで考える。 ⑯問題や課題の解決策をみんなで考える。	← どうしたらよいか、いま何ができるかを共に考えることがむずかしい

④この3群3領域の5層構造は、二極化の緩和を図る重点プログラムともなっている。

すなわち、自分づくりスキル群は"small I"を高め、集団づくりスキル群は"small we"を高める役割を果たしている。それに対して、仲間づくりスキル群の「共感・配慮」領域は"big I"をゆるめ、「自己表現」領域は"big we"をゆるめる役割をになっている。

横浜プログラム69のうち、過半数を超える37のプログラムが仲間づくりスキル群に入っており、"big I"と"big we"をゆるめることに、本プログラムの主眼が置かれているといえる。

⑤横浜プログラムでは、気になる状況の背景として本節で注目した基本3体験について、69のプログラムすべてが、いずれかの基本体験の補充をねらいの一つとしている。この点が第5の特徴となっている。

⑥横浜プログラムでは、子どもたちの人間関係形成の困難状況を把握し、プログラムの実施による緩和効果を検討するために、個人アセスメントシートと学級アセスメントシートの活用ハンドブック（2008年）が作成されている。これが第6の特徴である。

このうち、前者の個人アセスメントシートは小学校3年生以上を対象としているが、小学校低学年用もあり、いずれも14の質問紙で構成されている。集計結果は、図3の4群からなる社会的スキル育成状況表にプロットされ、事例検討会などでの有効活用が期待されている。

第4章 ●ガイダンスカリキュラム

図3：社会的スキルの育成状況モデル

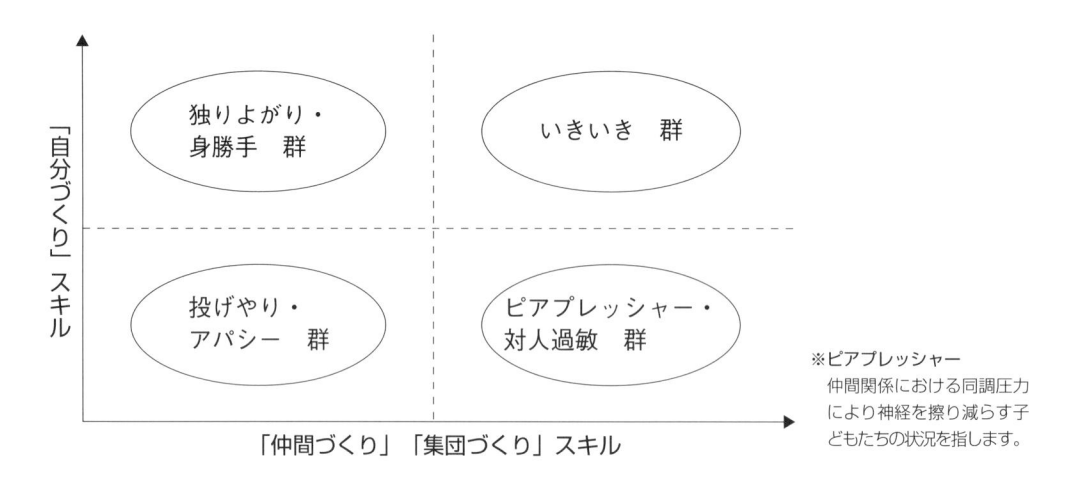

「自分づくり」スキル（縦軸）／「仲間づくり」「集団づくり」スキル（横軸）

- 左上：独りよがり・身勝手 群
- 右上：いきいき 群
- 左下：投げやり・アパシー 群
- 右下：ピアプレッシャー・対人過敏 群

※ピアプレッシャー
仲間関係における同調圧力により神経を擦り減らす子どもたちの状況を指します。

●――ガイダンスカリキュラム実施上の留意点

横浜プログラムでは，ガイダンスカリキュラムに共通した実施上の留意点として，とくに次の6点に注目している。

①3つの明確化：子どもたちが，ガイダンスカリキュラムに安心して取り組むための前提要件として求められているのが，ねらい，ルール，手続きの「3つの明確化」である。これらが曖昧であると，プログラムに安心して取り組めない。これは，子どもたちの振り返りシートの記述から明らかにされている。3つの明確化にあたっては，彼らにわかるようなかみくだいた情報提供や案内・説明，すなわちアカウンタビリティー（説明責任）が求められるのは言うまでもない。

②3つの基本ルール：明確化のなかでも，とりわけ安全の場の確保にとって大事な要件となるのが，「3つの基本ルール」である。具体的には，「暴力NO」（友達の嫌がることは言ったりやったりしない），「パスOK」（無理強いはしない。参加できない子どもには何がしかの役割をあてがう），「持ち出し禁止」（プログラム中のやりとりはその場で完結。興味本位で外部に流さない）の3つである。なお，これらも子どもたちにダメージを与える代表として振り返りシートから抽出され，ルール化されたものである。

③3つのシェアリング：プログラムの後半には，振り返りシートを通しての「自己内シェアリング」「グループシェアリング」「全体シェアリング」のいずれかを実施し（時間が許せば3つとも実施），それに対してていねいなフィードバックを行っていくことの重要性

を指摘したい。なぜなら，こうした自己評価と相互評価活動の取組みが，自分自身や仲間，所属集団との折り合いをつけていくうえで有効な支援の手だてとなりうるからである。

④個を生かす配慮：集団活動を苦手としている子どもたちが目につく。彼らに対しては，横浜プログラムの実施が脅威とならないような配慮が求められる。具体的には，事前の配慮としては，どんなプログラムを実施するかのアナウンスを行い，予期不安の緩和に努める。本時においては，子どもの状態を見きわめ，無理強いをしないパスOKの段階からチャレンジまで，状態に応じた参加レベルの促しを行う。事後における配慮としては，とくに，チャレンジを促したあとのケアが求められる。いずれにしても，個を生かす配慮をていねいに行っていくためにはチームによる取組みがどうしても必要となる。

⑤時間の確保：横浜プログラムを実施するにあたっての最大の壁は時間の捻出である。学校単位で独自のコミュニケーションタイムを設定し，そこでの実施が期待されるが，まずは，既存のカリキュラム内への位置づけが現実的であろう。各教科，道徳，総合，特活のどの単元・項目・テーマ・内容との関連づけが可能か，こうした観点からのプログラムの吟味が求められる。カリキュラム内への位置づけが困難であれば，課外活動や地域交流活動への導入も視野に入れた検討も考えられる。

⑥支持的風土の醸成：横浜プログラムの実施が，子どもたちの不登校やいじめの問題の予防になるかどうかの大事な条件の一つが，この支持的風土の醸成である。具体的には，①と②で注目してきた"安全な（安心できる）場の確保"と，③のシェアリングの取組みを通しての"認められる場の確保"，そして，もう一つ，"自由な（楽しめる）場の確保"があげられる。とくに，自由な（楽しめる）場の確保の手だてとして，横浜プログラムではアイスブレーキングに注目している。過度の緊張を氷（アイス）にたとえて，それを打ち砕く（ブレーキングする）ことを指すが，短時間でできるレクゲームがその代表といえる。いずれにしても，子どもたちにとって重苦しい雰囲気（防衛的風土）のもとでの実施は，予防とは裏腹の不登校やいじめの引き金になることを，留意点の最後に強調しておきたい。

●──良質なコミュニケーションは"心の酸素"

ところで，人間関係形成の困難状況にある多くの子どもたちが，"酸欠の心"の状態に置かれているのではないであろうか。こうした心が酸欠状態になっている子どもたちに対して，良質なコミュニケーションを提供し，彼らに"心の酸素"を補給していくことが，いまわれわれに強く求められている。

ガイダンスカリキュラムとしての横浜プログラムは，その手だてのひとつといえるだろう。

［犬塚文雄］

第4章 ガイダンスカリキュラム

第 **3** 節

ガイダンスカリキュラムのプランニング
総合と関連づける「社会性を育てるスキル教育」

学校の実態を出発点として，教育課程に位置づけ，時間割に授業時間を確保して行うガイダンスカリキュラムの実際と手順を紹介する。総合的な学習の時間で，体験活動と関連させながら，学校体制として機能させていく。

「社会性を育てるスキル教育」を導入した背景には，授業不成立などの生徒指導上の課題があった。こうした問題には，発生後に対応することが多い。いっぽう，最近の生徒には「教わっていないからできない」という現状が見てとれた。そこで，生徒の日常生活を基本から変えることをめざし，社会性の育成を中心にした立ち居振る舞いの授業を行った。実践の結果，この取組みが学力・体力の向上につながることがわかってきた。

ここでは，上尾市立西中学校など，複数校の実践をもとにした「社会性を育てるスキル教育」（以下，スキル教育）の手順を紹介することで，ガイダンスカリキュラムのプランニングについて具体的に述べる。

●──社会性を育てるスキル教育の授業

「教わっていないからできない」という問題を解決するためには，日常の授業を通した教育活動が必要になる。そのために，社会的スキルを「対人関係を円滑にするための知識と，それに裏打ちされた具体的なコツ」と定めて取り組んだ。

おもな構成要素として，研究結果を踏まえ，「他者理解」「自己理解」「感情表現」「聴き方・話し方」「状況理解」「コミュニケーション能力」などを，人間関係づくりの基本と考えた。これらの社会的スキルの習得をめざした授業を，学校教育の教育課程に位置づけて行うために，特定のカウンセリング技法にこだわらず，学校の授業時間で実施できるようにプログラムを作成した（参考文献参照）。

「スキル」を習得させるスキル教育の授業を構成するには，次の3点が重要である。
①学習性が認められること
②観察できる具体的な行動としてとらえること
③適切なスキルを使うと周囲から好ましい反応が返ってくることを体験的に学ばせること

参考文献　國分康孝監修，清水井一編集『社会性を育てるスキル教育35時間』（小学校1年生～中学校3年生編），図書文化社，2006-2007年
國分康孝監修，清水井一編集『社会性を育てるスキル教育─教育課程導入編─』図書文化社，2008年

第3節●ガイダンスカリキュラムのプランニング

図1：社会性を育てるスキル教育の授業展開

1時間
①授業者が本時の目的とそのスキルの大切さや効果を伝える
②場面設定にふさわしいスキルを見せる
③ロールプレイを繰り返し行うことで，場面を体験させる
　※場面や相手を変えて練習することでバリエーションを増やす
④児童生徒が実行したスキルの出来栄えについて評価をする
⑤日常場面での指導を伝える
　※定着を図る（評価の場・機会をつくる）

1時間の授業としての展開は，おおむね図1に示した流れで実施していく。

◉──**教育課程に位置づけた全体計画**

　スキル教育は，授業だけを指すのではない。スキル教育の授業は，基礎練習にあたる。

　　社会性を育てるスキル教育＝スキル教育の授業（基礎練習）＋体験活動（試合）

つまり授業で基礎的な知識や型を身につけ，次に実際に職場訪問や大使館訪問などの体験活動で活用して，そのよさを実感し，自分のものとしていく。部活動の練習にたとえるなら，スキル教育の授業は素振りや壁打ちのトレーニング，体験学習は実際の試合にあたる。

　体験活動を軸としたスキル教育の授業を組み立てるには，まず関連するスキルの授業を体験活動の前に実施する。そして，実際に体験活動に挑み，その後のまとめでスキルについても振り返りを行う。上尾市立西中学校の例を図2に示す。

　スキル教育では，「話している人には黙って耳を傾ける」「先生の指示には従う」を授業の前提として徹底する。そして，「この約束を守ったら自分のためになることが学べた」という体験をさせて，約束を定着させていく。

◉──**教育課程に位置づけて実践するまでの流れ（実践例・計画の仕方）**

　2008年の『中学校学習指導要領』（文部科学省）では，総合的な学習の時間が1年生は最大50時間，2年生が70時間，3年生が70時間となっている。この時間の一部分をスキル教育の授業にあてる。総合的な学習の時間のなかに，必要な時数を確保する「スキル教育全体計画」を作成する（図3参照）。

　次に，スキル教育の授業を実際に行う総合的な学習の時間の全体計画と，スキル教育の授業の年間計画をたてる（図4参照）。

　次は，校内の共通理解を図っていく。「スキル教育」を学校の教育課程に入れるという

第4章　ガイダンスカリキュラム

図2：スキル教育の授業と体験活動の関連（上尾市立西中学校）

	4月	5月	6月	7月	8月	9月	10月	11月	12月	1月	2月	3月
1年生		スキル	体験①	まとめ						スキル	体験②	まとめ
2年生				スキル	体験①	まとめ				スキル	体験②	まとめ
3年生		スキル	体験①	まとめ			スキル	体験②	まとめ			

1年生：①市内45事業所における職場体験活動，②長野県菅平におけるスキー教室。2年生：①東京（広尾・幡ヶ谷）でのJICA訪問における途上国の方々との国際交流，②埼玉県内45の高校への上級学校訪問。3年生：①京都・奈良への修学旅行，②東京の20か国に及ぶ大使館訪問の実施。

ことは，校長の学校経営に関する事項なので，導入にあたっては，管理職と教職員が十分に相談し，進め方の具体的な手順を確認する。総合的な学習でスキルの授業を実施するためには，前年度から諸準備を進めていく。具体的な流れは表（P.71）のとおり。

　実施が決まると，年度当初の職員会議では，授業担当者と担当時数が課題となる。

　第一には学年ごとに2名，合計6名の担当者が授業をする方法がある。第二には，カウンセリング研修歴から必修教科同様に専門性を生かせると考え，研修歴のある5名を主担当者とし，各学年2名の担当者と学級担任の合計3名で，毎時間のスキル授業をTT（Team Teaching）で実施する方法がある。

●──全体計画を立てるための考え方

　学習内容は，学校の教育課程（特別活動，道徳教育，総合的な学習の時間など）や年間行事計画，入学から卒業までの系統性，児童生徒の発達段階に配慮して決める。

①体験活動や学校行事と関連づけて
・大使館訪問，JICA訪問，上級学校訪問や職場体験学習などの前に，ソーシャルスキルトレーニングのなかから必要と思われるスキルを選んで実施する。
・遠足，林間学校，修学旅行などの校外学習の前に，人間関係づくりに効果的なグループワークや構成的グループエンカウンターの演習を実施する。
・儀式的行事の前に，「あいさつ」や「身だしなみ」，「礼」などのマナーに関する内容を意図的に位置づけて実施する。
・表彰や証書授与などの前に，基本動作や返事を練習しておく。

第3節 ガイダンスカリキュラムのプランニング

図3：平成20年度　社会性を育てるスキル教育の全体計画（上尾市立南中学校）

- ○日本国憲法
- ○教育基本法
- ○学校教育法
- ○指導の重点努力点

南中学校教育目標
ゆたかな心
たくましい体
かがやく瞳

めざす生徒像
- ○豊かな心をもつ生徒
- ○たくましい体をもつ生徒
- ○学びとる意欲をもつ生徒

スキル教育のねらい
- ○生徒間，生徒と教師の人間関係を醸成する。
- ○集団における相互の規範意識を高め，学習規律を向上させる。
- ○学習の基礎基本を定着させるとともに，豊かな生きる力を育てる。

スキル教育の重点目標
- ○協力し合い，集団生活の秩序を守るとともに，集団生活の向上のために，一人一人が誠実で積極的に役割を果たすことの大切さを自覚させる。
- ○級や学校における生活上の諸問題の解決，学級内の組織作りや仕事の分担処理，学校における多様な集団での生活を向上させる。
- ○よりよい生活や学習，進路や生き方等をめざして自ら課題を見いだしていくことの大切さを理解させる。

スキル教育の具体的方策
ガイダンス：子どもが成長する過程で，しなければならない選択・決定・適応に対して，学校全体で援助をし，子どもたちの可能性を最大限に開発していく。
エンカウンター：集団学習体験を通して人間的な成長（行動の変容）を図ることで，自分や他者に対する理解をより深め，感受性を高めたりする。
アサーショントレーニング：自分の欲求や感情，立場，権利などを必要以上に抑えることなく，かつ，相手の欲求や感情，立場，権利などにも十分配慮しつつ，自分を相手にうまく表現できるようにする。
ソーシャルスキルトレーニング：対人関係を築き，それを保っていくために役立つ行動を学習によって身につけていくトレーニングの方法。

各学年の重点目標
第1学年　相手の気持ちを尊重しながら，自分の考えを伝えることができる。
第2学年　自分なりの課題意識をもって行動し，責任をもってやり遂げることができる。
第3学年　社会に必要なコミュニケーションスキルを身につけ行動することができる。

学習指導	道徳指導	特別活動	キャリア教育	部活動
個に応じた学習指導を充実し，基礎的・基本的な内容を身につけるとともに，自ら学ぶ態度を育てる。 ・人を傷つける言葉をなくす ・学習規律を身につける	人権尊重や他の生命の尊重についての理解を深めるとともに，豊かな心を育てる。 ・人への思いやり ・相互の尊重	自主的，実践的な活動を通して所属感・責任感・連帯感などを体得する。 ・温かな人間関係 ・一人一人の活動の場と成就感	自己と他者や社会との適切な関係を構築する力を育てる。	生徒間，生徒・教師間のふれあいを通して，友情・礼儀・責任・協力などを育てる。 ・一人一人に活躍の場 ・不適応生徒の早期発見，解決

國分康孝監修，清水井一編集『社会性を育てるスキル教育－教育課程導入編－』23頁，図書文化社，2008年

②保健指導や安全指導と関連づけて

・薬物乱用防止教室と関連づけた「断り方」や自己主張などのソーシャルスキルトレーニングを実施する。
・防犯教室と関連づけたソーシャルスキルトレーニングを実施する。
・保健主事や養護教諭とTTで授業を行う。

第4章●ガイダンスカリキュラム

図4：スキル教育の授業の年間活動計画（平成20年度　総合的な学習の時間　上尾市立西中学校）

月	1年	月	2年	月	3年
4	オリエンテーション（2）	4	オリエンテーション（2）	4	オリエンテーション（2）
7	職場体験 発見学習（22） 課題設定：2　事前学習・調査：6 ○実地体験：10 まとめ学習：2　発表学習：2	10	JICA訪問 体験発見学習（28） 課題設定：2　事前学習・調査：13 ○実地調査：6 まとめ学習：5　発表学習：2	5	歴史探索（修学旅行） 体験発見学習（30） 課題設定：2　事前学習・調査：15 ○実地調査：6 まとめ学習：5　発表学習：2
1	自然探索（スキー学校） 体験発見学習（20） 課題設定：2　事前学習・調査：10 ○実地調査：4 まとめ学習：4　発表学習：2	2	上級学校訪問 発見学習（18） 課題設定：2　事前学習・調査：8 ○実地調査：2 まとめ学習：3　発表学習：3	10	大使館訪問 体験発見学習（25） 課題設定：1　事前学習・調査：12 ○実地調査：6 まとめ学習：4　発表学習：2
	生活スキル（15） ●感じのよいあいさつ　マナー① ●上手な話の聴き方　マナー② ★身近な人にインタビューしよう ★「はい」の言い方 ★ものは言い方 ★マナーを身につけよう③ ●音楽会に向けて目標をつくろう ●コラージュ ●頼み方の基本 ●断られたとき ●「20の私」で探る「私はだれか」 ●ものは言い方 ●よいストレスと悪いストレス ●自分のストレス度を知ろう ●友達にたばこを誘われたら ★体験活動		生活スキル（22＋4） ●さあ今日から中堅学年 ●こんな学級にしよう ●感じのよいあいさつ ●後輩に優しく接しよう ●めざせ漢字マイスター ●課題をよりよく解決しよう ●善悪の判断を身につけよう ●失敗に学ぶテスト勉強編 ●あなたも清掃マイスター ●上手なコミュニケーション ●相手が話しやすい態度とは？ ●いじめについて考えよう ★ルールマナーを守ろう（JICA訪問） ★そのときどうする（JICA訪問） ★どの人をわが社で採用しようか？ ●態度・マナーをマスターしよう ★訪問時の言葉遣いをマスターしよう ★砂漠の救助リスト ★班の協力性を高めよう ●注意！ネット生活の落とし穴 ●わたしの大切なもの ●卒業生に感謝の気持ちを伝えよう ＊CAP（子どもの暴力防止教育）4 ★体験活動		生活スキル（27） ●最上級生としての心構え ●班の協力性を高めよう ★ルールマナーを守ろう ★班の協力性を高めよう ★そのとき，どうする？　危機対応 ●学習の悩みを解決する ●自己理解を深める① ●自己理解を深める② ●他者理解を深める ●上手なコミュニケーション ●質問の仕方を身につけよう ●断るべきことはきっぱり断る① ●断るべきことはきっぱり断る② ★マナーを身につけよう ★適切な言葉を身につけよう ★こんなときどうする？① ●高め合う学級づくり ●適切な言葉遣いを学ぼう ●自分を表現しよう① ●自分を表現しよう② ●自分を表現しよう③ ●自己理解を深める③ ●こんなときどうする？② ●こんなときどうする？③ ●感謝の気持ちを表そう ●卒業後の夢と希望 ●明日は卒業式　　★体験活動
	共通（11） ふれあい講演2 ※人権教育2　※国際理解教育2 ※健康教育2　※環境教育3		共通（11） ふれあい講演2 ※人権教育2　※国際理解教育2 ※健康教育2　※環境教育3		共通（11） ふれあい講演2 ※人権教育2　※国際理解教育2 ※健康教育2　※環境教育3
	70		85		95

國分康孝監修，清水井一編集『社会性を育てるスキル教育－教育課程導入編－』51頁，図書文化社，2008年

・交通安全指導と関連づけてのロールプレイの授業を行う。
・「心の教育」としてのメンタルヘルス，ストレスマネジメントの授業を行う。

　時間割に位置づけて年間35時間の授業を実施する場合には，各学年プログラムの重複や系統性，どのようなスキルの獲得をめざすのかなど，実施する必要性を裏づけておく。例えば，「あいさつ」を毎年行う場合，1年生と2年生，3年生のあいさつのスキルでは，「どこが異なるのか」「同じことを毎年繰り返すのか」「その理由は何か」を明確にする。

表：スキル教育導入までのタイムスケジュール例

月	内　　　　　容
8	授業の実際を体験的に学ぶ職員研修の実施
9	教育課程編成委員会における原案の検討
10	職員会議で提案（次年度教育課程編成に関する議題として）
11	教育課程編成委員会で具体的実施方法の確認
12	職員会議で次年度のスキル教育開始に向けた共通理解
1	教育課程編成委員会で指導計画ならびに毎時間の授業案を協議
2	総合的な学習の時間全体計画への位置付けと年間指導計画作成
3	年度末学年保護者会でスキル授業の説明とシラバスの配布
4	校内研修会で内容の確認と通信票の見直し，生徒・保護者への連絡

國分康孝監修，清水井一編集『社会性を育てるスキル教育－教育課程導入編－』31頁，図書文化社，2008年

●──授業担当者の研修

　スキル教育の研修会は，児童生徒に関する情報共有と指導法の工夫・改善を目的として行う。こうした研修会の実施は，教師の指導力を高めるのに欠かせない。学校では，埼玉県立総合教育センターが主催する学校カウンセリング研修会（初級は悉皆研修なので，中級や上級）に職員を計画的に参加させ，その教員をスキル教育担当者にあてている。

　長期休業期間には，校内研修会で全教師を対象としたカウンセリング演習を実施する。スキル教育の授業については，オープン参観の機会を設けて校内での共通理解を深める工夫がみられた。教育委員会訪問時の公開授業・研究授業にも積極的にスキル教育の授業を実践していくことを通して，学校としての定着を確実に深めている。

　いっぽう，任意団体の各種カウンセリング研修会に参加することも有効である。参加した教師自身が，演習を通して体験的にカウンセリング技法を学び，スキル教育における指導技術の向上を図ることが可能である。このほかにも，書籍や各方面から刊行されている資料を収集し，実際にやってみることも授業プログラムを増やすために必要である。

　中学校における時間割に位置づけられた授業としてのスキル授業は，目新しさもあって，どの学級でも高い興味・関心をもって意欲的に取り組む生徒の姿がみられた。毎時間の授業では，人とかかわる演習として展開するために，主体的に参加していかなければならない内容となっている。また，学んだことが，学校生活や体験活動，進路学習に役立つという実感を伴うようにプログラム編成したことで，学習意欲が継続していく。

※國分康孝監修・清水井一編集『社会性を育てるスキル教育　教育課程導入編』図書文化社より，清水井一「第1章」，中村豊・枊久美子「第2章」をもとに再編。

[清水井一]

第4節

ガイダンスカリキュラムの授業案と授業展開
千葉県「豊かな人間関係づくり実践プログラム」

千葉県は平成18年度に豊かな人間関係を築く力を育てるガイダンスカリキュラムを開発し，平成19年度から県下1,100の小中学校全校でいっせいに実践され始めた。その開発経過，授業案，授業展開を紹介する。

●――千葉県のガイダンスカリキュラム～なぜどう開発されたか～

千葉県は平成17年度から「いきいきちばっ子思いやりプラン」という「豊かな人間関係を築く力」を育成する事業をスタートさせた。

この事業は県の三大教育目標である「確かな学力の育成」，「キャリア教育」，「心と体の教育」のすべての基礎となるものと位置づけられた。参考にしたのは米国のキャラクターエデュケーション（人格形成教育）である。すなわち全米の学校では，人格形成教育が広く実践されており，それがきちんと実践されている地域では，望ましい人間関係の構築に役立つスキルの指導もあわせて行われ，学力の向上につながっている，と判断されたのである（千葉県教育委員会，2006）。

この事業には三つの柱が設けられた。「体系的指導プログラムの作成と実践」，「教員の指導力の向上」，「保護者や地域の理解」である。

(1) 体系的指導プログラムの作成と実践

「体系的指導プログラム」作成のため，平成17年度に内外の調査が実施された。そして平成18年度の一年間をかけて，小学1年から中学3年までの「体系的指導プログラム」を完成した。

県はまず内外の調査の結果に基づいて，専門的知識を有する研究機関として，NPO法人教育臨床研究機構（中野良顕代表）を選定し，プログラムの開発を委嘱した。またプログラム開発校として，白井市の三つの公立学校（大山口中，白井第三小，大山口小）を指定した。そして，県と研究機関と学校の三者が協力連携して，一年間をかけて効果を検証しながら，小学1年から中学3年までの9学年分のモデル・プログラムを開発した。

これと並行して研究推進委員会（10名構成）が設置され，年2回会合が開かれ，保護者，若者，学識経験者，学校関係者が参加して「体系的指導プログラム」の検討が行われた。

参考文献　千葉県教育委員会『いきいきちばっ子思いやりプラン』2006年

第4節●ガイダンスカリキュラムの授業案と授業展開

図1：平成19年度指導プログラム実施校の割合

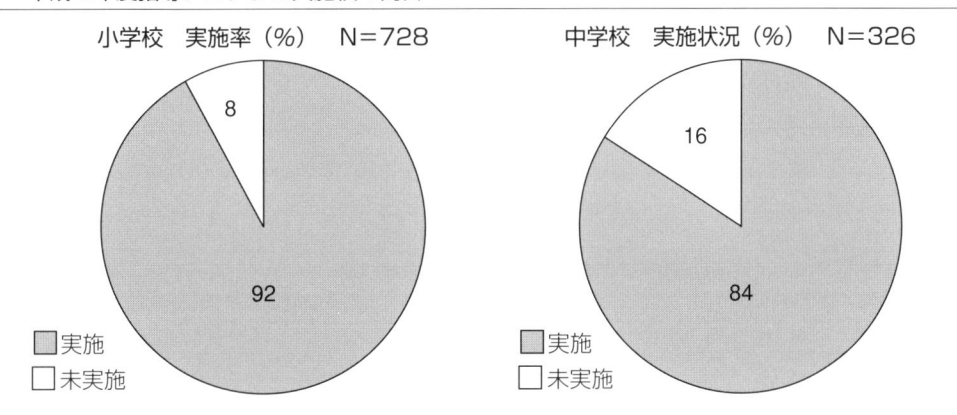

小学校　実施率（％）　N＝728
- 実施 92
- 未実施 8

中学校　実施状況（％）　N＝326
- 実施 84
- 未実施 16

　平成18年度末に，教育臨床研究機構と開発校から県に対して1枚のDVDが提出された。それには，各学年4回分の36本の指導プログラム（指導台本・プリント類・映像教材）が収録されていた。

　平成19年度になると，千葉県の公立小中学校約1,100校（政令指定都市の千葉市の学校を除く）に，このDVDが送付された。そして全県の小中学校で「豊かな人間関係づくり実践プログラム」による実践がいっせいにスタートした。年度末までに，このプログラムを何らかの形で実施した小学校は670校（92％），中学校は274校（84％）にのぼる（図1）。

　この間に教育臨床研究機構は，教員の指導力向上のための県の研修事業に協力するとともに，研究開発校や研究推進校からのフィードバックに基づいて，「体系的指導プログラム」（第1版）の有効性の検討を進めた。そして改訂の要望の多かった中学校の12本の授業案を中心にプログラム全体の見直しを行い，全学年の映像教材も新たに作り直して，平成19年度末に「体系的指導プログラム」（第2版）のDVDを県に提出した。これは県の事業としてではなく，研究機構の自主的な活動として行われた。

　平成20年度には，県が「体系的指導プログラム」（第2版）のDVD1,100枚を作成して，県下の全小中学校に配布した。平成20年度以後の実践はこの第2版に基づいて行われる。

(2) 教員の指導力の向上

　千葉県は「いきいきちばっ子思いやりプラン」の教員の指導力の向上の事業の一環として，平成17年度に，「人間関係づくりのためのヒント集」（日常生活の中で教員と児童生徒の信頼関係をより深めるためのヒント集）を作成して各学校に配布した。

　平成18年度には，「体系的指導プログラム」の実践についての指導主事研修（豊かな人間関係づくり推進事業にかかわる連絡協議会）と，1,100校から教員が1名ずつ参加する教員研修（豊かな人間関係づくり実践プログラム研修）が，午前9時30分から午後4時半

まで実施された。

　平成19年度も，前年度と同規模の指導主事研修と教員研修が実施された。平成20年度は半日規模の教員研修が計画されている。

(3) 保護者や地域への理解の促進

　県は「いきいきちばっ子思いやりプラン」に対する保護者や地域への理解をミニ集会や，授業参観や，保護者会を通じて促進している。またこのプランについての連絡会を組織して，市町村教育委員会や関係機関との連携を図ろうとしている。

　「体系的指導プログラム」については，平成18年度と19年度の2回にわたって，保護者や教員や一般県民を対象にした「豊かな人間関係づくりのための講座」を実施した。教育臨床研究機構が講座を担当して，そこでプログラムの紹介を行うとともに，人間関係づくりの必要性や，家庭や学校で役立つ人間関係づくりについての理解を深めてもらうようにした。

●──ガイダンスカリキュラムと授業案

(1) 千葉県のガイダンスカリキュラム

　千葉県の小学1年から中学3年までの9学年分のガイダンスカリキュラムを表1に示す。千葉県のすべての子どもたち（政令都市千葉市の子どもたちを除く）が義務教育の9年間に学ぶ生徒指導のコンピテンシーは，「自分を大切にする能力」（個人的コンピテンシー）と「周りの人を大切にする能力」（社会的コンピテンシー）である。子どもたちはこれらのコンピテンシーに含まれる主要なスキルを，すべての学年において，累積的に学習する。

　各学年の授業テーマと目標と行動目標は，学年ごとに異なる。小学1，2年で教えるのは，人間関係づくりの基礎であるコミュニケーション・スキル，小学3，4年で教えるのは，共感の基礎である感情についてのスキル，小学5年で教えるのは，対人関係の紛争を処理するための問題解決スキル，小学6年で教えるのは，対人場面で自分の考えや感情を適切に主張する自己主張スキルである。中学1年で教えるのは，内省性の一環としてのクリティカル・シンキング（批判的思考），中学2年で教えるのは，同じく内省性の一環としてのセルフ・コントロール，そして中学3年で教えるのはキャリア教育でも重要視される意思決定である。すべての学年のすべての授業は「ピア・サポートの授業」（中野，2006）として子どもたちに提示され，どの授業においても導入段階において，ピア・サポートの授業では自分を大切にする能力（個人的コンピテンシー）と周りの人を大切にする能力（社会的コンピテンシー）の二つを学ぶ，ということがくどいくらいに繰り返し説明される。

参考文献　　中野良顯『ピア・サポート—豊かな人間性を育てる授業づくり—』図書文化社，2006年

表1:豊かな人間関係づくりを教えるガイダンスカリキュラム

	学年	テーマ	児童生徒に示す目標	具体的な行動目標
小学校	1年生	話し方・聞き方1（コミュニケーション1）	なかまと　なかよくする　たすけあう	あいさつと聞く姿勢を身につける
	2年生	話し方・聞き方2（コミュニケーション2）	なかまや友達と，なかよくする・たすけあう	聞き方と話し方の基本ができるようにする
	3年生	感情1	いろいろな気持ちがわかるようになろう！	自分と相手の気持ちを考えられる
	4年生	感情2	おたがいの感情について考えよい人間関係を作ろう！	立場が違う人の感情を考え，落ち着いて自分の感情を伝える
	5年生	問題解決	問題にじっくり取り組めるようになろう！	人の感情を考えて，問題解決をする
	6年生	自己主張（コミュニケーション3）	上手な自己主張をしよう！	思いやりと責任のある自己主張をする
中学校	1年生	クリティカル・シンキング	クリティカル・シンキングができるようになろう！	事実と思い込み・推測を分け，人との対話を通して事実を追求する
	2年生	セルフ・コントロール	自分と向き合い，自分を管理できるようになろう！	自分について知り，自分で自分を成長させていけるようにする
	3年生	意思決定	大事なことはじっくり決めよう！	自分にとって大切な意思をじっくり決定し，人とのかかわりの中でその意思を成長させる

(2) 授業案と教材

　ガイダンスカリキュラムの授業案には，①せりふレベルで作られた詳細な授業台本，②プリント等の教材，③映像教材，が含まれる。実際の授業は，その授業案を使って，教科指導と同じ方法で，組織的に教授される。

　授業台本（表2）はすべて，エビデンス・ベースの授業モデル，直接教授モデル（Nakano et al., 1993）にのっとって，同一の順序で創作される。授業順序（流れ）は次のとおりである。

1．復習と導入（既知の知識の活性化）
2．きょうのテーマ・目標・流れの提示
3．新しい情報の詳しい説明とモデル提示
4．子どもの実習活動

参考文献　Nakano,Y., Kageyama, M., & Kinoshita, S. (1993). Using direct instruction to improve teacher performance, academic achievement, and classroom behavior in a Japanese public junior high school. *Education and Treatment of Children*, 16, 3, 326-343.

表2：指導台本のサンプル（小学4年用指導台本）

活動項目 (所要時間/ 累積時間:分)	活動内容	児童の反応	◇補助者の行動 ●準備物
1．復習（5分）			
ピア・サポートの言葉の確認 (2/2)	1．ピア・サポートの意味の確認 ・授業を始めます。最初にピア・サポートの意味を確認します。 ・ピア・サポートのピアはどんな意味でしたか？ ・そうです。ピアは「仲間・友達」です。 ・では，サポートの方はどんな意味でしたか？ ・はい，「ささえる・助ける」という意味でした。 ・2つを足すと，どんな意味になりますか？ ・その通りです。ピア・サポートは，「仲間や友達同士がお互いに，ささえ合い・助け合う」ことです。 ・お互いにささえ合い・助け合う関係を作るために，大切にすることが2つありました。何と何でしたか？ ・「周りの人を大切にする」ことと，「自分を大切にする」ことでしたね。 ・よく覚えていました。 2．4年生としての授業の目標の確認 ・では，次の質問です。4年生のピア・サポートの授業の目標は何でしたか？ ・そうです。みんなでいっせいに読んでみましょう。 →（いっせいに唱和させる）「おたがいの感情について考え，よい人間関係を作ろう！」	「仲間・友達」 「ささえる」「助ける」 「仲間，友達をささえる，助ける」 「周りの人を大切にする」「自分を大切にする」 「おたがいの感情について考え，よい人間関係を作ろう！」	●フラッシュカード「ピア・サポート」「仲間・友達」「ささえる・助ける」「仲間や友達同士がお互いに，ささえ合い・助け合う」 ◇フラッシュカードの提示 ●フラッシュカード「周りの人を大切にする」「自分を大切にする」 ◇フラッシュカードの提示 ●（あらかじめ掲示）ポスター「4年生ピアの目標」

5．まとめ

6．振り返り

7．次回の予告

　プリント等の教材には，掲示用模造紙やフラッシュ・カードやプリントなどがあるが，中でも最も重要な教材はまとめプリント（図2）である。これは授業の最後のまとめの段階で子どもたちに配布される。教師はそれを使って，その日の授業のポイントを説明する。子どもたちは説明を聞きながら，まとめプリントの空欄にキーワードを書き入れる。まとめプリントは，子どもたちのピア・サポート・ファイルに閉じこまれ，9年間手もとに保

図2：まとめプリントのサンプル

```
第1回☆まとめプリント

                    4年    組：名前_____

    ┌─────────────────────────────┐
    │  今日のテーマ：感情って何？           │
    │  目標：感情語と感情のサインをつかまえよう！ │
    └─────────────────────────────┘

              感情って何？　その1

    ①感情は，何か_____が起こったとき，人の体の____がわで
      おこる。

    ②本当の感情は，_____にしかわからない。

    ③感情を表す言葉，_____はたくさんある。

    ④感情が動くと，_____にも変化がおこる。

    ┌──────────────────────────┐
    │ よい人間関係を作っていくためには，おたがいの感情を │
    │ 考えないわけにいきません。             │
    │ 4年生のピア学習も，とても大切です。しっかり学びましょう！│
    └──────────────────────────┘
```

存される。これがあれば，前学年のガイダンス・カリキュラムの内容を確認して，累積的に学習することができる。

　映像教材には，「よい聞き方」と「よくない聞き方」のように，対比的ロールプレー映像のビデオクリップが収まっている。映像は授業中に提示され，子どもたちは観察学習によって，例えばそれがなぜよい聞き方なのかを，分析的に理解することができる。

　県が配布したモデル授業案は各学年4回分である。ガイダンスカリキュラムとしては，理想的には1学年35週分あればよい。不足分は各学校で開発するよう期待されている。

[中野良顯]

第5節

ガイダンスカリキュラムの成果の検討
さいたま市教育委員会『HRTプログラム』から

さいたま市HRTプログラム（Human relation training program）は，授業として全校で実施されている。さいたま市オリジナルの6因子からなる効果測定尺度を用いて，授業・直接体験・効果測定・授業を繰り返し実施している。

●──人間関係プログラムがスタートするまで

さいたま市では，約2年間の準備期間を経て，2005年の2学期から市立全小中学校で人間関係プログラムの授業を教育特区の認定を受け，教育課程に位置づけ実施を始めた。

それに先立って，市内3,000人の児童生徒を対象に，人間関係に関するアンケート調査を実施した。[注1] その結果，次のように人間関係づくりにかかわる課題を抱えていることがわかった。

①会話において必要となる基本的な技術がわからない
②相手と対決しないように自分の意思を伝える技術がわからない
③自分の所属する集団が自己主張，自己開示，自己表現できる集団か不安である

同年7月，次のような目的で「人間関係に係るプログラム作成委員会」を開催した。
「本市児童生徒の人間関係に起因する課題の解決をめざし，児童生徒自身が，人と接する際に必要なスキルを身につけることを目的とした，エンカウンター，ロールプレイングなどの体験学習を中心としたプログラムを作成するため，人間関係に係るプログラム作成委員会を設置する」〈設置要項　第1条（設置）より〉

●──人間関係プログラムの内容と特色

こうした流れを受けて，2005年から次の要領で実践が始まった。
趣旨：人間関係を構築する能力とは，子どもがいままでに経験してきたことの結果である。その能力が低下している現状は，子どもがさまざまな人と接する場や機会が減少したことにより，人とかかわる際の技術が不足していることととらえる。

そこで，その技術を身につけるプログラムを実施し，各教科の授業をはじめ，さまざまな教育活動での直接体験を通して強化することにより，子どもたちの人間関係を構築する

注1：さいたま市教育委員会『人間関係に係るプログラム作成委員会資料』2004年

第5節●ガイダンスカリキュラムの成果の検討

表1：カリキュラム例（小学校5・6年生）

単元	時間	目標		児童のめざす成果・スキル
単元1	第1時	○学級にあたたかな人間関係をはぐくむ		自己主張,自己開示,自己表現できる雰囲気づくり
		2，3学期の構成的グループエンカウンターのエクササイズについては，学級の実態に応じて準備してください。		
単元2	第2時	○会話において必要となる基本的な技術の習得		「話をする人に体を向ける」「話をする人を見る」「相づちを打つ」「適切な質問をする」「相手の言いたいところを繰り返す」の5つのスキルの習得
	第3時	授業の始めに行うアイスブレーキング（ショートエクササイズ）については，学級の実態に応じて準備してください。		
単元3	第4時	○相手とトラブルなく円滑に自分の意思を伝える技術の習得	○相手に対して上手に断る技術の理解（非言語的技術）	「声の大きさ」「顔の表情」「目の動き」の3つのスキルの理解
	第5時		○相手に対して上手に断る技術の理解（言語的技術）	「四段階話法」…①相手に応えられない残念な気持ち，②断る理由，③断る，④代案，のスキルの理解
	第6時		○相手に対して上手に断る技術の習得	「声の大きさ」「顔の表情」「目の動き」「四段階話法」のスキルの習得
		授業の始めに行うアイスブレーキング（ショートエクササイズ）については，学級の実態に応じて準備してください。		

能力の育成を推進する。[注2]

目的：人と接する際に必要な姿勢・態度，感情のコントロールの仕方，相手の感情を読み取る方法などについて楽しく学び，日ごろの授業や行事などをはじめとする直接体験の場で定着を図る。

目標：

① 「児童生徒の自己主張，自己開示，自己表現がより推進される」ために「学級にあたたかな人間関係」をはぐくむ。

② 「相手の働きかけに対して適切に反応する」ために「会話において必要となる」スキルを習得する。

③ 「相手の立場を尊重しつつ，自らの気持ち，考え，主張などを率直に，その場にふさわしい方法で表現する」ために「相手とトラブルなく円滑に自分の意思を伝える」スキルを習得する。

実施学年：小学校3，4，5，6学年全児童。中学校1学年全生徒。

実施時間：各学期の初めに6時間，年間18時間

実施方法：担任が学級で実施

理論的柱：構成的グループエンカウンター，ソーシャルスキルトレーニング，アサーショ

注2：さいたま市教育委員会『HRT（ハート）プログラム～Human relation training program～テキスト』2005年

表2：効果測定尺度の質問項目例（全28問より抜粋）

①私は，知らない人とでも，すぐに話が始められます。
②私は，クラスがかわっても仲のよい友達がすぐにできます。
③私は，周りの人たちとの間で問題が起きても，うまくやっていけます。
④私は，冗談を言って周りの友達を笑わせることがあります。
⑤私は，けんかをした友達と，上手に仲直りすることができます。
⑥私は，クラスのだれとでも，笑顔であいさつを交わすことができます。
⑦私は，友達が話しているところに，気軽に仲間へ入れてもらうことができます。
⑧私は，何か失敗したとき，すぐに謝ることができます。
⑨私は，忙しいときに，友達に「手伝って」と言うことができます。
⑩私は，自分のことばかり話をしないで，友達の話をじっくりと聞くことができます。

ンスキルトレーニング

特色1：全市立小中学校を対象にするための教育特区

このプログラムは，さいたま市立すべての小中学生のコミュニケーション能力を高めることがねらいである。そこで，各校独自のテーマでの実践ではなく，すべての学校に浸透させるために特区申請を行った。その結果，2005年3月に内閣府から「さいたま市小・中一貫『潤いの時間』教育特区」の認定を受け，同年9月から実施されている。年間18時間の授業時間数は，「総合的な学習の時間」の授業時間を削減して確保している。

特色2：教師と保護者への対応

さいたま市では，以前から全教職員を対象にカウンセリング基礎講座を開講していた。これが全教職員対象のプログラムに対応する土台となった。さらに，毎年「人間関係プログラム」のねらいと効果，そのノウハウを伝える研修会を4回実施している。この研修会を通して，プログラムの定着と充実を図っている。そのほか，公開研究授業や次時研修，教師が夜間に開く自主サークルなどに指導主事が出向き，プログラムの充実に向けての具体的な方法等について繰り返し説明している。

同時に，保護者の理解を得ることも行っている。区単位のPTA連絡協議会や学校単位のPTA集会で，子どもたちと同じ「人間関係プログラム」を体験できる「体験講座」を開催している。これは，家庭や地域での「直接体験」が重要なカギを握るからである。授業は，疑似体験の場であり，直接体験の場がないと子どもたちのスキルの定着度が低減していくからだ。

特色3：人間関係プログラムの土台はあたたかな人間関係

スキルトレーニングをより円滑に，効果的にしていくのがあたたかな人間関係である。なぜならば，学級が編成されると同時に，気が合うとか合わないとか，怖い人がいるとかいないとかといった勝手な思い込みをもつからである。これを解きほぐしておかないと，人間関係を学ぶ学習がスムーズに進まない。

第5節 ガイダンスカリキュラムの成果の検討

表3:個別標準得点票

学年	組	性別	出席番号	解決スキル	言語的スキル	気遣い	信頼他者	信頼自己	感情統制	スキル総合	信頼総合	カテゴリー
5	1	男	5101	48	46	36	55	51	55	47	53	B
5	1	男	5102	43	49	51	44	61	61	46	53	B
5	1	男	5103	46	57	46	55	61	58	51	58	A
5	1	男	5104	58	53	66	55	61	47	55	58	A
5	1	男	5105	41	35	51	52	56	52	38	54	B
5	1	女	5114	41	39	56	59	67	52	40	63	B
5	1	女	5115	55	57	46	44	67	58	56	55	A
5	1	女	5116	22	21	41	32	46	58	21	39	D
5	1	女	5117	53	53	41	55	67	38	53	61	A
5	1	女	5118	48	64	61	59	56	58	56	58	A
		平均		49.6	51.9	49.7	55.2	59.6	58.1	51.0		

そこで,人間関係プログラムでは,最初に構成的グループエンカウンター(以下エンカウンター)を実施する。エンカウンターは,ふれあいと自他理解を目標に,自己発見を通して行動変容するものである。この体験が,お互いが本音で話し合い,認め合う関係をつくり,クラスをあたたかな集団と変えていく。表1に示すカリキュラムの単元1はエンカウンターである。さらに,毎時間のはじめにエンカウンターのショートエクササイズを実施して,あたたかな学級の状態を強化していく。

●──人間関係プログラム効果測定尺度の作成

さいたま市の人間関係プログラムでは,プログラムの有効性を測定できる尺度を開発している。2004年にアンケートを実施した学校を対象に,予備調査から始めた。この抽出校は,大規模校・中規模校・小規模校,伝統校・新設校,中心地・市街地など,さいたま市を全域の特徴を網羅する形で抽出された学校である。

予備調査の質問項目の内容収集は,文献・心理検査項を参照しつつ,エキスパートによる項目作成や作成チームによる項目作成を踏まえたものである。予備調査で実施された調査結果をもとに,因子分析を行い,6つの因子を抽出した。各因子を「解決スキル」「言語的スキル」「気遣い」「信頼他者」「信頼自己」「感情統制」と命名した。

次に,信頼性・妥当性を検討するために,「楽しい学校生活を送るためのQ-U(Questionnaire-Utilities)」テスト[注3]との交互作用を検討した。Q-Uテストは,学級満足度尺度と学校生活意欲尺度の2つの下位尺度から構成されているものである。この尺度との検討を踏まえて,単極尺度4件法からなる28の質問項目(表2)が作成された。

●──尺度調査の実施方法

①ねらい:人間関係プログラムの実施によって,学級の児童生徒のどの因子に効果があるかを明らかにする。その明らかになった因子を分析し,今後の学校・学級運営に活用する。

注3:河村茂雄『楽しい学校生活を送るためのアンケートQ-U』図書文化社
河村茂雄・田上不二夫「いじめ被害・学級不適応児童発見尺度の作成」『カウンセリング研究』30巻2号,日本カウンセリング学会,1997年

②調査対象：プログラムを実施する全学級。市内の全小学校3年生〜中学1年生。
③実施時期：プログラム実施前（4月の始業式の翌日），1学期のプログラム実施後の約3か月後，2学期のプログラム実施後の約3か月後，年間3回行う。ただし，2006年はプログラム実施の前後に行った。自己や他者への信頼度の定着と解決や言語のスキルの定着度を見るためである。2007年は，上記の時期に3回実施されている。

●──尺度調査結果の提示

　尺度調査結果は，次に示す6パターンによって提示され，学級経営，学校経営に活用される。この調査結果を元に，授業・直接体験・効果測定・授業を繰り返し実施している。
①個別標準得点表（表3）：尺度調査結果は，表3に示すように尺度ごとの標準得点（SS）化して，市全体，小学校中学年・高学年，中学校1学年，学級，男女，個人別に分けて提示される。なお，尺度調査以外に実施されている児童生徒の自由記述によるアンケートとあいまって活用される。
②市標準との比較グラフ（図1）：図1に示すように，解決スキル・言語的スキル・信頼他者・信頼自己の4つの観点をグラフ化したものも提示する。これは市全体の標準を50として，学級の標準偏差を比較している。学級の状態が全市と比較してどうなっているかが一目でわかるようになっている。
③学級プロフィール（図2）：図2に示すように，学級の6尺度ごとの標準得点の平均を第1回，第2回，第3回と重ねて表示していく。学級ごとのいまの状態が一目でわかるようになっている。
④スキルと信頼感のバランス（図3）：縦軸に信頼感を横軸にスキルを配置して，児童生徒一人一人の位置を示す。学級全体の子どもたちがどこにいるかが一目でわかるようにする。信頼感が高く，スキルをもっている児童生徒が多い学級ほど安定している。そうでない学級ほど何らかの手だてが必要になる。
⑤スキルの推移（図4）：学級ごとにスキルが身についているかいないかを，第1回，第2回，第3回と重ねて表示していく。学級ごとのスキルの定着度が一目でわかるようになっている。
⑥コメント記述（図5）：調査結果を基に，資料やグラフの示す特徴を言語化すると同時に，今後の対応のヒントになるであろうポイントを示すものである。これにより，次回の授業や日常の取組みをどうしたらよいかの手だてを得やすくなるようになっている。
　尺度調査は，調査した時点のある部分を切り取って示したものに過ぎない。児童生徒は日々成長し変化している。学校で児童生徒と毎日の生活を共にしている教師の日常の観察

図1：市標準との比較

図2：学級プロフィール

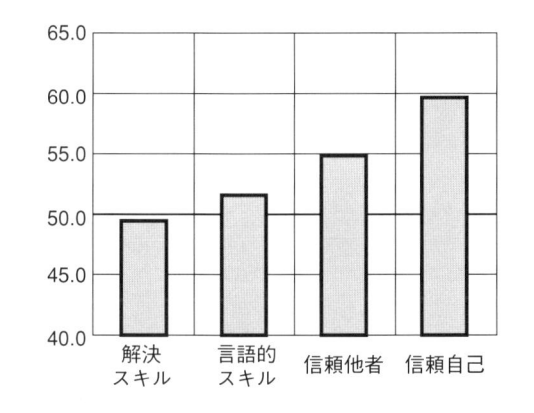

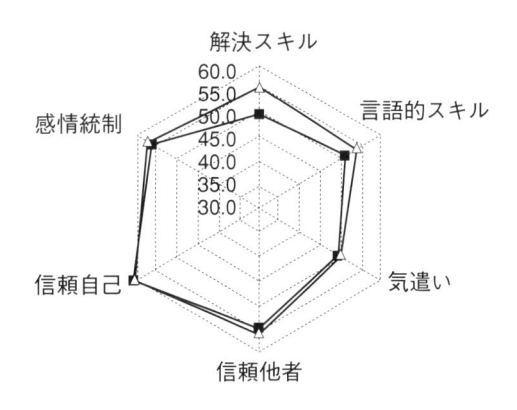

図3：スキルと信頼感のバランス

図4：スキルの推移

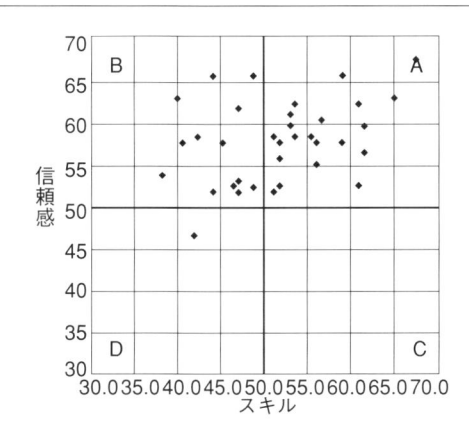

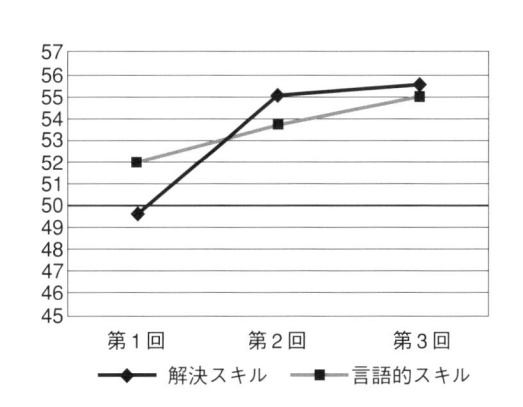

図5：コメント記述

第一段落：スキルは標準的な傾向ですが，信頼感が高い傾向にあります。
第二段落：信頼感が高く，ふれあいのある学級と考えられます。スキルのばらつきが大きいので，自分の考えをはっきり相手に伝える方法や意見が違った場合の解決方法など，より生活に密着したスキルが身につくような指導を展開していくとよいでしょう。グループ・テーマなどをかえてスキルプログラムを実施する，学級活動で具体的な事例をもとに話し合うなどの方法を試みることが有効です。
第三段落：スキルへの認知が継続して向上しています。今後より深め，定着させていくためには，日常場面で意識してスキルを活用するよう働きかけるとともに，一週間などの単位を決めて「ふりかえり」を行うとよいでしょう。

によって，調査結果をフォローアップすることも大切なものになる。こうして，この調査は，学級や学年や学校のマネジメントに役立てることができるようになっている。

なお，調査データは専門機関[注4]に送られて入力・分析されて教育委員会を経由し，各校にフィードバックされている。

［岡田　弘］

注4：財団法人応用教育研究所（TEL：03-3943-2510）

コラム　子どもの自殺予防

新井　肇　兵庫教育大学大学院教授

●子どもの自殺の実態

ここ数年，子どもの自殺者数は300人前後で推移している。2006年度は315人（内訳は小学生14人，中学生81人，高校生220人）で，タレントの自殺やいじめ自殺の報道の影響で群発自殺が起こった1986年の自殺率を上回っている（警察庁発表）。青少年の自殺未遂の割合は，ほかの年代に比べてはるかに高く（既遂の100〜200倍），背後に数万の自殺企図があることを考えると，深刻な状況といわざるをえない。

●子どもの自殺の危険因子

自殺の原因は複合的にからみ合う。子どもの動機の特定はとくに困難であるが，自殺にいたる危険因子をまとめると，以下のとおりである。
①自殺未遂歴：リストカット，薬の大量服用などを含む
②精神疾患：気分障害（うつ病），統合失調症，人格障害，薬物乱用，摂食障害
③安心感のもてない家庭環境：崩壊家庭，親の養育態度のゆがみ，児童虐待
④喪失体験：大切な人や物を失うこと（死別，病気，けが，友達との不仲，学業不振，予想外の失敗，転校・卒業など）
⑤事故傾性：自己の安全や健康を守れない無意識的な自己破壊行動
⑥性格傾向：未熟・依存的，衝動的，孤立，極端な完全癖，抑うつ的，反社会的

●子どもの自殺予防における教師の役割

子どもの自殺の徴候を察知するうえで，教師は家族に次いで重要な位置を占めている。子どもの「救いを求める叫び（自殺のサイン）」を少しでも察知できるように，変化を敏感に感じ取る感受性を磨くとともに，困ったときに相談されるような，子どもや保護者との信頼関係を日ごろから築いておくことが重要である。

将来的に子どもが対象の自殺予防教育を実施することも念頭に置き，各教科・学級活動で「いのちの教育」や「死の教育」に関連する授業を行い，学校における自殺予防のための環境づくりを進めることも必要である。

●子どもの自殺予防を進めるうえでの留意点

①チーム援助を可能とする校内体制をつくる

自殺問題は，「専門家といえども，一人で抱えることができない」といわれる。各々の役割を明確にし，チームで対応することで，多面的な理解ときめ細かい援助が可能になる。

②子どもの訴えを真剣に聴く

チームであたるとしても，関係の深い教師が可能な限り子どものそばに寄り添い，死にいたるほどの悩みや苦しみを真剣に受けとめる必要がある。やっていけないことは，話をそらす，しかる，安易な励ましなどである。

③保護者との連携をきめ細かに行う

家庭環境の影響は大きいので，学校の限界を知ったうえで，福祉機関とも連携を取りながら，悩みを抱えた親へのサポートを進める。

④関係機関や専門家との連携を進める

自殺の危険性が高い子どもや自殺未遂の子どもへの対応は，精神科や小児科・思春期外来などの医療機関との連携が必要である。学校に医療の専門家の視点を入れることで，必要以上の巻き込まれを防いだり，直接かかわる教師の不安を軽減することが可能となる。

⑤学校に居場所をつくる

失敗を恐れず自由に学ぶことができる授業，友達や教師とコミュニケーションができる休み時間や放課後といった，人間関係が安心して結べる場所があってはじめて，学校は子どもにとっての居場所となる。

（参考文献：高橋祥友編著『青少年のための自殺予防マニュアル』金剛出版，2008年）

第5章

個別カウンセリング

第5章 個別カウンセリング

第1節

子どもへの個別カウンセリング

カウンセリング面接は，個室にとじこもって来談者が来るのを待つという，受け身的で長時間というイメージがある。しかし学校では，能動的で相手に応じて折衷的に理論や技法を使い分け，教育的目標の実現をめざす面接である。

●──開発的カウンセリング

開発的（developmental）なカウンセリングは，あらゆる場面で，すべての子どもを対象に，問題があってもなくても行う。目的は，児童生徒自身の成長に対する意欲を高めるとともに，可能性を伸ばすことである。

《留意点》

①すべての場所・場面が対象

廊下，教室，職員室，トイレなど，児童生徒がいるあらゆる場面が対象となる。わかりやすく言えば「臨機応変」となるが，逆にすべての場面で声をかけねばならないという「ビリーフ（考え方）」をもたないほうがよい。要は，その場面をどう生かすのかである。

②教師の察知能力

その場面がチャンスかどうか，チャンスになりうる場面かどうかを察知する能力が大切である。その能力を高めるには日ごろの観察が大切であり，自分が気になる子どもを意識にとめ，簡単なメモをとるなどするとよい。慣れてきたらメモをとる必要はない。

例えば，「Aさんが，今日は元気がない」など簡単にメモしておく。「元気がない」というのは教師の主観ではあるが，これによって教師自身がどう感じているかがはっきりする。後日Aさんと出会ったときに，「この間，元気なさそうだったけど」と少し踏み込んだ話に発展するきっかけにもなる。

《具体例》

「先生，どうして教師になったの」と，ある生徒が廊下で話しかけてきた。普段自ら話しかけてくるという積極性を見せない生徒だったが，廊下というほかの生徒もいる場でありながら話しかけてくれたので，「聞いてくれてうれしいよ」と応答したのをきっかけに，立ち話となった。

参考文献　大友秀人「個別面接の諸形態と技法」日本教育カウンセラー協会編『教育カウンセラー標準テキスト中級編』図書文化社，2004年

図：カウンセリング（個別面接）の三様態

①開発的（「おはよう　昨日の部活がんばってたね」／「おはようございます」）

②予防的（「ボタンがあいているよ　しめなさい」）

③問題解決的（「何の時間なら教室で授業に出られるかな」）

●──予防的カウンセリング

　予防的（preventive）なカウンセリングは，問題の兆候がみられる一部の子どもを対象に（例えば，服装が乱れてきた，登校をしぶるなど），問題の未然防止をめざして行う。

《留意点》

①見捨てられ不安や孤独感の軽減

　問題の初期に，不安が増長し，「見捨てられている」と本人が感じてしまうことがある。「見放されている＝見捨てられ不安」を防ぐためにも面接が必要である。例えば，学校に行くことを回避・逃避している子どもの場合は，「自分は学校から見放されているのではないか」という恐怖感をもつことが，多くの事例で指摘されている。

　いっぽう，不登校児への対応として，「見守る」と言って登校刺激を与えることに消極的な考え方がある。本来「見守る」というのは，「私はあなたに関心をもっている」という気持ちがあってこそ成り立ち，けっして子どもを見放しているわけではない。不登校の初期段階は，おなかが痛いなどの何らかの理由をつけて休み続けてしまうので，こちらから働きかける積極的な面接が必要となる。

②保護者のサポート

　当事者である児童生徒への面接はもちろん，予防的なカウンセリングでは，保護者に対する面接も重要である。

例えば，登校しぶりをしている子どもを目の当たりにすると，保護者自身もどうしてよいのかわからずに途方にくれ，不安定な状態になる。

　現実的な対応として，担任に毎日のように，電話などで「今日も休みます」と欠席の連絡をしているうちに，保護者が担任に対して気まずさを感じるようになることもある。保護者の心理状態として，「親としての対応や育て方がまずかったのではないか」と自責の念にとらわれたり，落ち込んだり，また防衛機制が働き，外罰的な言動になりやすい。「子どもが登校しない」ということが引け目となって，親自身も人前に出ることに消極的になったり，不登校と聞いただけで過剰な反応を示すようになり，一人で悩みを抱え，孤独感を示すこともある。

　そこで，教師が定期的に面接すると，親の精神的サポートをすることにもなる。よく，子どもが休みだしたときに，ほかの生徒にプリントなどを届けさせるだけで面接をしない教師がいるが，保護者のサポートという視点では，適切な対応とは考えられない。なぜならば，保護者にとっては連絡をくれることには感謝はするが，長引けば，そのクラスメートに対しても申しわけないという気持ちが生じたりするし，保護者自身の不安定な精神状態がサポートされないからである。

《具体例》

　ここで，学校を急に休みだした高校1年女子のケースを紹介したい。

　入学後まもなく，1週間ほど休みが続いた。電話で親と話すと，学校に行きたくない状態であることが判明した。教育相談担当に相談し，一緒に家庭訪問することになった。

　家庭訪問の面接の目的は，本人をすぐに登校させることではなく，リレーションづくりであり，親の不安の解消と本人の状態の見きわめとした。その目的のため，本人が部屋から出てこないときには，教育相談担当が親と話をして，本人とは担任があたることを確認した。本人は，呼んでも2階の自分の部屋から出てくることがなかったが，保護者の了承を得て部屋に入り，面接となった。

　そこには，1～2回しか袖を通していない真新しいセーラー服と机の前で，じっとしている本人の姿があった。「無理に押しかけてごめんね」という気持ちと，面接の目的である「無理に学校に連れだすために来たのではなく，どうしているかが心配で来たこと」を伝えた。本人は「学校がつまらない」「学校に行くより，すぐに働きたい」と下を向きながらではあるが，ボツボツと語り出した。

　面接終了の1週間後から本人が登校しだした。あとで本人に聞いたところ，次のようなことを話してくれた。

　「面接のあとに，卒業した中学校の先生に相談しに行って話を聞いてもらった。また，

アルバイト探しなどを通して現実の厳しさを知った。『学校がつまらない』ということは変わらないが、高校だけは卒業するしかないという気持ちになり、登校することにした」。

●──問題解決的カウンセリング

問題解決的（remedial）なカウンセリングは、特定の子ども（非行、長期欠席など）を対象に、問題の解決・解消をめざして行う。

《留意点》

①タイミングの見きわめ

問題が長期化し、今後の展望（次の一手）が見いだせないときには、リファー（紹介）やケースワーク（環境調整）が役立つ。

長期欠席（完全不登校）の場合、登校刺激を加えることは、効力がないかもしれないが、学校刺激（お便り、行事の連絡など）を加えて、タイミングを見ていくことがポイントである。修学旅行は、教室や学校という環境から離れるため、完全不登校の子どもでもアプローチの仕方次第で行けてしまうことがある。また、学年が変わるときに、自分がどのクラスで席がどこかなどの学校刺激を与えることにより、状況が好転することもある。

②チーム支援

完全不登校の場合などのように、問題解決的カウンセリングでは、担任一人ではうまくいかないことが多い。このようなときにはチーム支援が効果的だ。学級担任、養護教諭、相談教諭（スクールカウンセラー）などがチームを組む。対応はその都度チームで検討していくが、まずリレーションづくりをして、良好な二者関係をつくることがポイントである。

この二者関係は、これからの突破口にもなるが、不安と緊張のなかにいる完全不登校児にとって、自分を理解してくれる他者の存在自体が、一歩行動をおこすエネルギーになる。

《具体例》

ここで、教育相談担当として私がかかわった、完全不登校だった高校1年生男子の例を紹介する。私が彼のことを知ったのは高校1年生の2学期。完全不登校になった状態で学級担任から相談を受けた。担任からの情報では、電話にも出ない、家庭訪問をしてもいるはずなのに出てこない、祖母との二人暮らしで、祖母とも連絡がなかなか取れないとのこと。

私もすぐには会えなかったが、何回か「○月○日○時○分に来ました。○○高校のカウンセラーの大友です」とメモを置き、チームで検討して家庭訪問を繰り返すうちに、2学期の後半から玄関先で会えるようになった。そして、家の中にも入れるようになり、雑談をしたり、勉強を教えたりしながら関係を深めて、学校での別室登校も可能になった。この段階で、チームの学級担任や養護教諭とも二者関係がつくれるようになった。　［大友秀人］

第2節

保護者への個別カウンセリング

保護者カウンセリングは3つに分類される。相互理解を深めるなどの目的で行われる「開発的カウンセリング」、問題の徴候を把握しその防止をめざす「予防的カウンセリング」、問題の解決の一手段としての「問題解決的カウンセリング」である。

◉──三つの目的をもつ保護者カウンセリング

　児童生徒の問題解決を指導・支援する際、当該児童生徒に直接働きかけることは当然だが、多くの場合、問題解決のカギを保護者が握っていることがあるので、保護者とのカウンセリングは欠かせない。保護者が当該児童生徒の問題の一因となっている場合、保護者へのカウンセリングが問題解決の成否を決めることもある。これが、いわゆる「問題解決的カウンセリング」である。

　「予防的カウンセリング」とは、文字どおり、児童生徒に問題の兆候が発見されたとき、それが家庭問題に起因しているか否かは問題でなく、保護者と手を携えて問題の未然防止に努める場合に行われる。児童虐待の疑いが感じられた場合などに、その深刻化を防ぐ目的で行われる面談も、これに含まれる。

　これに対して「開発的カウンセリング」は、問題の予防・解決という消極的な理由から行うのではなく、「児童生徒の可能性を伸ばしたい」「保護者間の人間関係を良好にして学級経営をより充実させたい」など、積極的な意味合いをもつカウンセリングといえる。

　この三つのカウンセリングの目的の違いは、山登りに例えると理解しやすい。山に登るために体力増強を図ったり、地形図や山の気象について学ぶことは「開発的」である。疲労が見え始めた登山者に休息をとらせたり、雷鳴をキャッチしてコースを変更することは「予防的」である。「問題解決的」とは、負傷した登山者への救助活動にたとえられる。

◉──保護者カウンセリングの役割

　「保護者との面談では、カウンセリングの機能を重視すべきか」。答えは「否」である。
　図は、話し合いのテーマ（内容）と話し相手（対象）の難易度を二軸で示し、それぞれどのような接し方をしたらよいかを概念的に示したものである。

参考文献　嶋﨑政男『"困った親"への対応　こんなとき、どうする？』ほんの森出版、2005年
　　　　　　嶋﨑政男『生徒指導の新しい視座』ぎょうせい、2007年
　　　　　　嶋﨑政男『図解・生徒指導』学事出版、1994年

図：対象・内容の難易度によるカウンセリングの役割

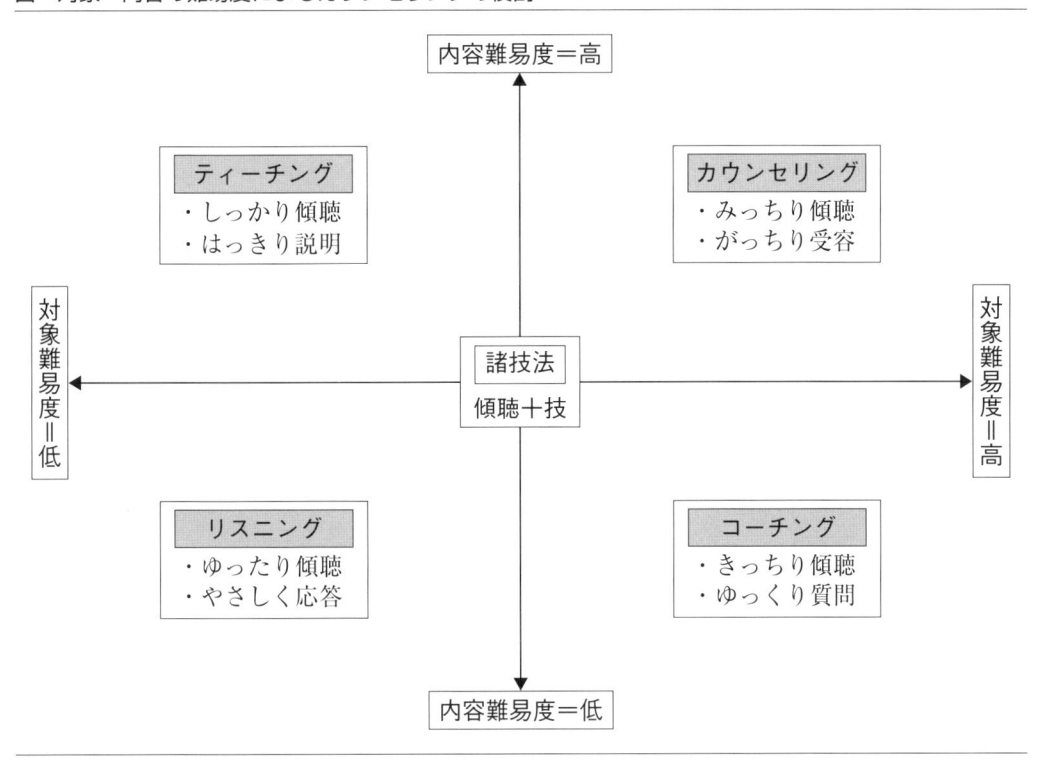

```
                        内容難易度＝高
                             ↑
    ┌─────────────┐          │          ┌─────────────┐
    │ ティーチング │          │          │ カウンセリング│
    │ ・しっかり傾聴│          │          │ ・みっちり傾聴│
    │ ・はっきり説明│          │          │ ・がっちり受容│
    └─────────────┘          │          └─────────────┘
                             │
 対象                    ┌───────┐                    対象
 難                      │ 諸技法 │                    難
 易  ←──────────────────│傾聴＋技│──────────────────→ 易
 度                      └───────┘                    度
 ＝                          │                        ＝
 低                          │                        高
    ┌─────────────┐          │          ┌─────────────┐
    │  リスニング  │          │          │  コーチング  │
    │ ・ゆったり傾聴│          │          │ ・きっちり傾聴│
    │ ・やさしく応答│          │          │ ・ゆっくり質問│
    └─────────────┘          │          └─────────────┘
                             ↓
                        内容難易度＝低
```

　わが子のことを真剣に考え，「県下でも著名な○○高校に合格させるには？」と質問する保護者は，内容は難易度が高いが子の行く末を案じる親心を発露しているのであり，対象の難易度は低い。この場合，「傾聴」というカウンセリングの基本ははずせないものの，保護者が求める情報を的確に説明する必要がある。これが「ティーチング」である。

　ささいなことに心配して相談をもち込む保護者の場合，「内容」も「対象」も難易度は低い。「ゆったりと傾聴」するなかで，気持ちを安定させることができる。カウンセリングの域まではいかない「リスニング」で十分である。

　相談内容や苦情・要求などがそうむずかしくなくても，保護者自身が学校に不信感を抱いていたり，別の精神的葛藤に悩んでいる場合，「傾聴」は質・量共に通常以上のものが求められる。教師が答えてしまうことは簡単だが，それで終わることはない。相手を信じ，認め，任せるという，「コーチング」の力量が必要となる。

　「カウンセリング」を進めるには，カウンセリングの姿勢（心）と技法（技）を身につける必要がある。心と技のいずれかを偏重したのでは，効果的なカウンセリングを進めることはできない。相談の内容・対象の難易度は高いケースに適用されるので，一人で抱え

込まず，スクールカウンセラーの助力を求めたり，専門機関を紹介することも視野に入れておく必要がある。

◉──開発的カウンセリングの目的と留意点

保護者が対象の開発的カウンセリングは，学級（HR）担任が行う三者面談（または二者面談）や学級保護者会で実施されることが多い。

児童生徒，保護者，教師の三者，または保護者と教師の二者で行う「定期面談」は，児童生徒の学校での様子を中心に，児童生徒のよい点の伸長や課題克服の具体的方策について話し合われる。児童生徒の日常の言動のプラス面を積極的に評価し，保護者が「わが子のよりよい成長をめざして，教師と共にがんばろう」という気持ちがもてるようにしたい。

「定期面談」を効果的に進めるには，事前に保護者からの質問・要望等をアンケートなどによってつかんでおくとともに，教師は日常の観察記録や個別指導記録等を整理しておく必要がある。児童生徒を含めて行う場合は，「話題にしてほしいこと」「保護者・教師への願い」などのデータを準備しておきたい。

地域行事などで偶然に出会ったときに行う「チャンス面談」や，授業参観や保護者会の折に保護者の希望により行う「臨時面談」も，保護者との信頼関係を深める機会となる。さらに，連絡帳や交換ノート（「母親ノート」などと名づけられる）による，「書くことを通したカウンセリング」も効果的である。

保護者と教師は「児童生徒の豊かな成長」を願う共通のパートナーである。保護者カウンセリングの開発的機能をいっそう高め，保護者と教師の共感的な人間関係を培うことが求められる。

なお，学級保護者会での構成的グループエンカウンターの活用や，ピアサポートを援用した，保護者相互のサポートシステムの構築など，カウンセリングの考え方を生かしたさまざまな取組みを，学級経営の中に位置づけることも考えられてよい。

◉──予防的カウンセリングの目的と留意点

"転ばぬ先の杖"という。「失敗しないための事前の準備」の大切さを説いた言葉だが，予防的カウンセリングは，まさに「杖」に相当する。急に元気がなくなったり，意欲を失ったりした児童生徒に直接声をかけることが重要だが，家庭での様子の把握も重要である。

「○○の点が気になったものですから連絡をとりました」「○○を心配しています。家ではいかがでしょうか」などの教師の発言に，「実は，私も」「相談したいと思っていたところなのです」などの返答があったら，予防的カウンセリングのチャンスである。早々に日

時を約束し、"転ばぬ先の杖"を準備しなければならない。

　カウンセリングの方向は、「転ばぬ」ようにするには、学校と家庭が「何をすべきか」「何ができるか」「何をしてはいけないか」という具体的な方策を見いだすことである。問題の徴候の背景や原因を探るより、保護者と教師の言動のあり方の確認が優先されなければならない。面談の過程で保護者の問題が表面化しても、その点を責めるのではなく、改善策を具体的に示すことが大切である。

　児童生徒、あるいはほかの保護者や近隣住民から、保護者自身の問題点（ネグレクト、ドメスティックバイオレンス、経済問題等）についての情報がもたらされることがある。この場合は、予防的カウンセリングの緊急度が高まるが、家庭への危機介入は慎重な姿勢が求められる。校内での連携を密にとり合いながら、ほかの人（キーパーソンとなる人）や機関（児童相談所等）の助力を仰ぎながら対応する必要がある。

●──問題解決的カウンセリングの目的と留意点

　児童生徒の問題の解決・解消をめざして保護者と協働するには、保護者への問題解決的カウンセリングを計画的に実施する必要がある。家庭訪問による面談の場合もあるが、基本的にはカウンセリングの三制限（面談相手の特定、常識的な時間帯および面談時間の設定、面談にふさわしい場所の選択）を厳守しなければならない。

　保護者は、「わが子の問題」を前に、不安感、焦燥感、絶望感などの気持ちが複雑にからみ合っていることが多い。そのため、次の点に十分に配慮して面談に臨みたい。

①保護者の複雑な感情を受容し、「過去は直せない。いまできることを共に考えたい」との姿勢で対応する。
②保護者および児童生徒の「マイナス面」を責めるのではなく、「プラス面」を指摘しつつ、「マイナス面」の改善策を共に考える。
③提案は具体的に、アイメッセージ（「私は〇〇を望む」など）で伝える。
④「どうしたらよいでしょうか」「それはどんなふうにしますか」「そのためには学校は何ができるでしょう」「いつまでにしますか」などの質問により、保護者自身が改善策を提示できるようにする。
⑤リソース（資源）の活用については事前に調べておき、情報を提供する。
⑥他罰的・攻撃的な発言があった場合は、その「非」をきちんと指摘する。
⑦担任や生徒指導担当などが一人にまかせきりにせず、組織で対応する。
⑧専門機関などとの連携を視野に入れた支援計画を作成する。

［嶋﨑政男］

ブリーフカウンセリング

学校の忙しい日常では，個別面談のできる時間も機会も少ない。貴重な面談で成果を上げるには，カウンセリングのなかでも短期間での終結をめざす技法が参考になる。とくに事前に回数を決めておく時間制限カウンセリングを紹介する。

●──ブリーフカウンセリングとは

ブリーフカウンセリングとは，特定の技法を指すわけではなく，数多くあるカウンセリングアプローチのなかで，「短期（Brief：ブリーフ）」を志向するアプローチの総称である。必然的に，効果性と効率性が特徴となるため，ブリーフカウンセリングに属するアプローチは，面接者の相対的な積極性や面接目標の限定，来談者のリソースや能力の強調，時間の有効利用，現実的問題の重視や焦点化などが共通している。また，セラピーでなくカウンセリングであることも強調したい。というのも，セラピーは病理に着目しその治療をめざすが，カウンセリングは基本的には健康な人が自己の問題を解決していくプロセスに対する発達的な支援であり，広義にとらえれば教育的な支援だからである。

教師は，評価者・指導者としての役割をもつ。加えて多忙である。生徒の抱える問題は，進路の問題のように，制限された期間内の現実的な対処が望まれるものが多い。また，学校は面接構造の保持の困難さなど，現実的な制約がある。こうした教師・生徒・学校の特質を踏まえれば，ブリーフカウンセリングのアプローチは，学校に適しているといえる。

本章第4節の解決焦点化アプローチは，ブリーフカウンセリングの代表的なものだが，ほかにもブリーフカウンセリングの特徴をもつアプローチがある。なかでも学校で使いやすいものとして，「シングルセッションセラピー」（Talmon, 2001），「時間制限カウンセリング」（上地，2001），「REBT」，「認知療法」などがあげられるだろう。ただ，これらの諸技法も学校での使用を前提として生まれたものではないため，学校の実態に合わせた学校モデルを構築するための工夫を加える必要がある。栗原（2001）はその例である。

●──ブリーフカウンセリングの一例──時間制限カウンセリング

ブリーフカウンセリングの一つに，事前に面接回数を決めておく「時間制限カウンセリ

参考文献　上地安昭編著『学校の時間制限カウンセリング』ナカニシヤ出版，2001年
　　　　　栗原慎二『ブリーフセラピーを生かした学校カウンセリングの実際』ほんの森出版，2001年

図：時間制限カウンセリングのメカニズム

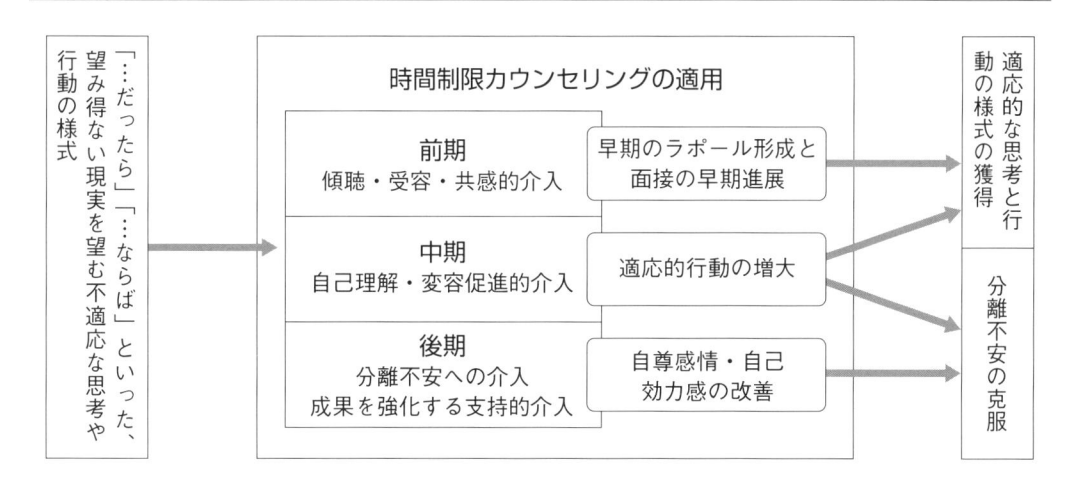

「…だったら」「…ならば」といった、望み得ない現実を望む不適応な思考や行動の様式

→

時間制限カウンセリングの適用

| 前期 | 早期のラポール形成と |
| 傾聴・受容・共感的介入 | 面接の早期進展 |

| 中期 | 適応的行動の増大 |
| 自己理解・変容促進的介入 | |

後期	自尊感情・自己
分離不安への介入	効力感の改善
成果を強化する支持的介入	

→ 適応的な思考と行動の様式の獲得

→ 分離不安の克服

ング」がある。面接回数はケースごとに柔軟に設定されるが、重要なのは、回数制限が行われること自体である。それによって、カウンセリングの過程に「面接者からの分離」が内包されることになる。その分離に伴う不安克服のプロセスを支援することで、来談者の現実適応と心理的自立を促進するのが「時間制限カウンセリング」である。これは、心理的自立を発達課題とする中学生高校生にとって、とくに有効である。

なお、時間制限カウンセリングは、例えば「時間制限解決志向アプローチ」とか「時間制限認知療法」といった具合に、ほかの技法と統合して使用できる。面接回数は、オリジナルモデルでは12回だが、学校では3〜6回前後が多い。

筆者の経験では、「面接が終わるまでに何とかしようとがんばれた」「面接回数が5回って決まっていたから、むだにしてはいけないと思ってその都度課題をもって面接に挑めた」といった感想が多く寄せられる。これらは、動機づけ効果や過度の退行の予防、変化の促進など、時間制限の効果といえる。

● ブリーフカウンセリングの有効性と限界性

ブリーフカウンセリングの効果は、長期的アプローチと同等もしくはそれ以上とする研究報告が多くある。学校で出会うほとんどのケースにブリーフカウンセリングは適用可能だろう。ただし、長期的な支援が必要なケースもあり、すべての事例にブリーフカウンセリングで対応可能とは考えないほうがよい。なお、ブリーフカウンセリングはシンプルで簡単なアプローチという誤解があるが、実際は短期での変化を可能にするための技法を集約したアプローチであり、使いこなすには習熟が必要だ。　　　　　　　　　　　　［栗原慎二］

参考文献　ポール・スタラード著、下山晴彦訳『子どもと若者のための認知行動療法ワークブック』金剛出版、2006年

第4節

解決焦点化アプローチ

解決焦点化アプローチは，解決に焦点を当て，短期，効果的，効率的に解決を構築して，解決構築力を伸ばすものである。個々の生徒が困難な事態に臨んでも，何とかやっていけるといった自信や有能感，自己効力感を育てる。

●──解決焦点化アプローチによる生徒指導の特色

①解決焦点化アプローチは何をめざすのか

児童生徒の自信・有能感・達成感・自己効力感をふくらます。伝統的なカウンセリングではなく，つまり不適応の状態を適応状態に導くのではなく，適応構築（適応を引き出し練り上げる）にある。問題を解決するのではなく，解決を構築する（解決を引き出し練り上げる）のが目的である。

②児童生徒がすでにもっている力・資源を見いだし，十分に発揮させる

児童生徒の優れたところ，才能を引き出し，ふくらます。児童生徒のもっている才能・素質，つまり原石を見いだし，磨き，練り上げ，すばらしい宝石のような児童生徒に仕上げる。

③動機づけやレディネスを重視する

レディネス査定を行い，児童生徒の動機づけの状態を把握する。不満を訴えるタイプか，何とか努力して目標を達成しようとしているタイプなのかを吟味し，その状態に応じて解決へのやる気を引き出す。

④目的を特化し，解決過程のオープン化・定式化をめざす

児童生徒がどうなりたいのかを追究する。生徒指導のプロセスを大勢の人の前で実施し，どのように解決を進めているのかをオープンにする。できる限り法則化をめざす。

⑤どこでもいつでも実施できるモデルである

個人指導による不登校指導はもちろん（市川2001b），進路指導・学級会活動などの集団の場でも活用する。「男女仲よく」などの「学級経営」でも実践される。全教職員による「共同指導体制」のなかでも取り組む（市川2001a）。さらに，教科指導においても取り組むことができる。

参考文献 ピーター・ディヤング，インスー・キム・バーグ，玉真慎子・住谷祐子訳『解決のための面接技法』金剛出版，1998年
市川千秋監修『ブリーフ学校カウンセリング』ナカニシヤ出版，2004年

図：解決焦点化アプローチの方法

■最初のシングルセッション
①どうなりたいかについて，実現可能で具体的な小さな目標をはっきりさせる。
②どの程度の目標解決レベルにあるのか，スケーリング質問を用いて，「うまくいっていないを0点，それなりにうまくいっているを10点」として自己評価をさせる。
③どのように目標解決レベルまで上がってきたのか，解決のための手だて，工夫を引き出す。
④引き出された解決資源を賞賛し，解決資源としての手だて・工夫を繰り返し実践させる。
⑤次回までに，1点上げて生活させる。どのような違いがみられるかを観察させる課題を出す。

■フォローアップセッション
このセッションでは，先回からの間で，よかった事柄を聞き出し，称賛する。よかった事柄を繰り返させる。このフォローアップセッションは原則2回繰り返す。

※解決焦点化アプローチの過程：教師と児童生徒が共同して解決構築を行う。定式化された進め方ではシングルセッション（1回）と，フォローアップセッション（2回）の計3回で進める。

●──中学生のいじめ事例への解決焦点化アプローチ適用

いじめられていると訴えて，暗い顔つきをした中学2年生女子が相談室にやってきた。
ルーブリックにより時系列に行動を聞いてみた。この生徒の行動は次のようなものであった。

・ほかの生徒に廊下で無視される
・階段の下で3人のいじめっ子の女子生徒がいて，近くを通ると「臭い」などと言う
・教室へ入ると，クラスの生徒に無視される
・ほかの生徒は自分に対して何かを言うのかと質問すると，ほかの生徒からの声かけはないという返事

そこで，生徒の目的をはっきりさせるために，どうなりたいかを質問した。すると，なりたいことは「いじめられてもつきあっていくやり方を見つけたい」というものであった。

このなりたいことについての現在の目標達成レベルは，10点中3点であるとの回答を得た。3点までどのようにして上がったのか，手だてや工夫を聞くと，「階段下にきたら目を伏せて歩く。窓側にそって相手の顔を見ないようにして通過する。3分間ほどであり，しばらく我慢して通る」という回答だった。そのようにやってきたことへのねぎらいや称賛の言葉をかけ，次週までにこれらの行動を繰り返すように指示した。

その結果，1週間後の相談では，いじめは解消していた。「友達を作らなければ……」と言い残して，この中学生は元気にクラスへ戻っていった。

［市川千秋］

参考文献　市川千秋監訳『学校を変えるカウンセリング─解決焦点化アプローチ─』金剛出版，2001年 a
　　　　　市川千秋「不登校対応における家族への解決焦点化アプローチ」日本家族心理学会編『家族心理学年報19』41-53頁，金子書房，2001年 b

第5節

現実原則に直面させるカウンセリング技法

子どもを現実原則に直面させる指導のためのカウンセリング技法には,「面接を主体とした技法」と「ロールプレイを主体とした技法」がある。どの技法を選択するかは,子どもの状況等によって変わる。

●──現実原則に直面させるカウンセリング技法とは

社会的な規範,約束事,ルールといった「現実原則」に直面させるカウンセリングは,子どもが獲得している社会性のレベルと,その場面で子どもが理解しなければならない現実原則の兼ね合いによって,活用される技法が違う。代表的なものは,言語を主体とした「面接技法」と,体の動きを伴う「ロールプレイの技法」である。

●──面接で活用されるカウンセリング技法

子どもに,ある程度の社会性が備わっているときには,カウンセリングで一般的な「傾聴技法」が活用できる。子どもの話に応じて,「受容」「重要項目の繰り返し」「支持」「質問」を行いながら,内容を「明確化」していく。すると,自分自身の力によって反省し,洞察し,自分の内面にある現実原則に焦点を当てることができる。

例えば,教師が「××のことを,どう思っているの?」と問いかけたときに,子どものほうから「それは,ぼくが△△だったから。いま思うと,××しなければならなかった」と,自ら必要なことを話し始めた場合は,教師はうなずき,ゆっくりと聴いていけばよい。

上記のケースほどには反省し洞察する力が内面に育っていない子どもの場合は,もう少し能動的な技法を活用する。例えば,「情報提供」「アドバイス」「自己開示」「論理的帰結法(結果を類推するなど)」などである。なかでも自己開示は,子どもの理解を促すために,教師が自分の「体験」「考え」「感じたこと」を語るものである。教師の内面を披瀝するものなので,伝えたい内容と教師のあり方や生き方が一致したときは有効である。

ところが,子どもに自己中心性が強く,反省力や洞察力が身についていなくて,考えたりわかろうとしたりしないときには,さらに能動的な説得法や対決法が活用される。

もちろん,"説得法"や"対決法"という固有の技法があるわけではなく,「質問」や

参考文献　飯野哲朗著・國分康孝ほか監修『なおす生徒指導　育てる生徒指導』図書文化社,2003年
(対決法→110～124頁,ロールプレイ→53,91～97頁)
飯野哲朗『生徒指導に教育相談(カウンセリング)を生かす』ほんの森出版,1999年

図：子どもの社会性レベルに合わせたカウンセリング技法

必要性の判断・技法の選択（現実原則の理解へ）

子どもの社会性レベル　　　教師の要求レベル（教師の人生観）

ロールプレイ
・役割交換法
・ミラー
・ダブル
・エンプティーチェア
・ソーシャルアトム

〜　技法

カウンセリング技法
・受容，繰り返し，支持，質問，明確化
・情報提供，アドバイス，自己開示，論理的帰結法
・説得法，対決法

「情報提供」「論理的帰結法」「自己開示」といった既存の技法を活用し，事実を指摘したり，子どもの主張の矛盾を指摘したり，教師が自分の考えを述べたりして，現実の原則を理解させようとするものである。

「これを見てごらん。君の考えているような事実はないでしょう」（教師），「うん」（子ども），「だったら，君の言ったことはAさんを苦しませることになったんじゃないの？」（教師），「そうかもしれない」（子ども），「だったらAさんにきちんと△△と言うことが大切だと思うんだけど，どう？」（教師）

子どもの考えが進まなければ，こんな雰囲気で考えを導き，納得させていくとよい。

──ロールプレイの技法

子どもの理解が，言語的・静的な面接技法では進まないときには，体を動かすことによって，実感や体感を伴った理解が促進されやすいロールプレイの技法を活用することがある。実際には，「役割交換法」「ミラー」「ダブル」「エンプティーチェア」「ソーシャルアトム」などの技法を使って，過去に起こった場面・状況を，模擬的に再現してみる。そのなかで，教師と子どもが実際に動いてみて，「子どもが感じたこと」「気づいたこと」を明確にして，分析や洞察を促し理解させていく。

例えば，「役割交換法」を使って問題の場面を再現する場合がある。子どもには相手の役をやってもらい，当時と同じように進めていき，子どもの感想を聞く。すると「みんなが××したとき，ドキドキした」「△△と言われたときは，なぜそこまで言わなきゃいけないのかと思った」などと感想が出てくる。そこで，「じゃあ，君はどうしたらよかったと思う？　これからどうすべきだと思う？」と今後すべきことを理解させる。ただし，ロールプレイの技法では，子どもが急激に深い体感や実感を伴う場面に直面し，混乱することがある。教師は，その場の子どもの支援を十分に行うことを意識したい。　　　　［飯野哲朗］

参考文献　　金子賢『教師のためのロールプレイング入門』学事出版，1992年

コラム　少年非行にかかわる少年法

相原佳子　野田・相原・石黒・佐野法律事務所弁護士

●少年非行は増加しているのか

昨今，「少年非行は凶悪化と増加の傾向にありながら，少年法は少年に甘い規定になっている」というマスコミの記事をよくみる。

しかし，少年犯罪の発生率はけっして増加していない。疑問に思われる方は，戦後から平成19年度までの犯罪白書を見ていただきたい。ただ，付添人として，長年多くの非行少年に接してきた経験からすれば，少年非行の質自体には変化があるように感じる。

社会の変化が少年非行にも影響を及ぼし，人間関係の希薄化，とくに親子関係の変化や地域社会の力の低下，またIT関係の影響が隠然と影響していることは否定できない。

●少年法における虞犯少年

ところで，最近，『ホームレス中学生』というベストセラーがあった。私も興味深く読んだが，あの少年が，場合によっては，少年法の対象となりうることをどのくらいの人が知っているであろうか。

少年法の対象少年には，犯罪少年，触法少年のほかに虞犯少年（犯罪を犯す虞のある少年）が含まれており，ホームレス中学生もこの虞犯少年に含まれる可能性があった。

私が付添人を担当したある事件では，16歳の少年が夏休みの小学校のプールに深夜侵入し，泳ごうとした。テレビドラマや映画では青春の1ページのような描かれ方をする行為であったが，その少年は警察に通報され，そのまま家庭裁判所に送致され，少年鑑別所送致となったのである。彼の両親は所在不明であり，地方の児童養護施設で育ったが，好きなサッカーをけがによってあきらめなくてはならなくなったことから高校を中退し，施設も飛び出し，公園や友達の家を転々としている最中の行為であった。警察も家庭裁判所も，彼をこのまま放置しておくと，何らかの犯罪の虞があると判断したのである。

裁判所から付添人に就任してほしいとの連絡がきて，最初に少年と会ったとき，彼は「暑くて泳ごうとしただけなのに，捕まって長く出られないのは，僕に親がいないからですか？」と聞いた。私は，瞬時には彼を納得させるだけの説明ができなかった。最終的には，指導力のある人のいる自立援助ホームに引きうけてもらうことができたが，少年からすれば，少年法は厳しい法律なのである。すなわち，少年が犯罪を犯す虞があると判断された場合には，強制的にその身柄を拘束できることが規定されているのであり，誤解を恐れずに言えば，少年には「住所不定」となる自由はないということなのである。

●少年法における非行の要素

少年法における非行の要素には，他人に対する「侵害性」と，少年が自らを傷つける，自らの利益を損なうという「自損性」の二つがあると考えられる。少年の他者への侵害性を強調すれば，成人の刑罰に限りなく近づくことになるであろうが，少年法は非行の自損性をも重要視する法律なのである。それは，少年が受けるべき親や社会からの適切な養育監護がなされてこなかったことを前提とし，成長過程の少年の可塑性を基底としているのである。

もちろん，少年法が非行の他者への侵害性を軽視してしまえば，国民の少年法に対する支援を失うことになり，少年の更生にも問題を生じるであろうし，いっぽうでは，そもそも少年法以前に，福祉手続での対応が可能な限り少年法は適用されるべきではない。が，少年が一度司法の場面に現れたときには，少年法とは「要保護性」を重要な柱とすることから，「成人ではないから見逃してもらえる」といった安易な法律ではないことを理解していただきたい。

第6章

組織的な連携

第6章 ● 組織的な連携

第1節

生徒指導体制

生徒指導は「全教職員で行う」ことが重要であるが，その中心となる生徒指導部は，生徒指導主事を中心に，役割分担と責任の所在を明確にし，他機関等の協力を得ながら慎重かつ敏速に対応しなければならない。

● 指導力を発揮する生徒指導組織

《生徒指導部の組織づくりのポイント》

　生徒指導を充実させるには，全校の生徒指導体制を整え，全教職員があらゆる教育活動を通して，生徒指導の機能を生かすよう努めなければならない。その中心的機能を担っているのが，生徒指導部である。

　効果的な生徒指導体制を確立するには，生徒指導部の組織を整備し，部内の各組織の活性化を図るとともに，ほかの分掌や家庭・関係機関等の校外のリソース（資源）との効果的な連携を進める必要がある。

　指導力を発揮する生徒指導組織を整えるには，次の点が重要である。

①生徒指導部の目標が学校の教育目標の達成をめざすものになっていること

　学校の教育目標・指導の重点を受け，校長の経営方針に基づいた生徒指導目標を定めなければならない。「すべての組織が教育目標の達成をめざす」ことは，学校運営組織づくりの最大のポイントである。

②「生徒指導は全教職員で行う」という視点が明確になっていること

　校務分掌が細分化されすぎていたり，各分掌間の連絡・調整がうまくいっていないと，「生徒指導は生徒指導部まかせ」という風潮が生まれることがある。極端なケースでは，一人の"スーパーマン"的な生徒指導主事に「頼りきって」しまうことがある。これでは一人一人の生徒指導力が結集されず，結果として，全校の生徒指導力は弱体化する。

③学校の実態や基本方針に基づいた人数配置となっていること

　例えば，「教育相談機能を高める」目標を掲げながら担当者が1名であったり，「学年間の円滑な連携」を進めようとしていながら，学年別の構成人数が極端にアンバランスであるなど，生徒指導部の人数配置が不適切な場合がある。人数配置および部内の役割分担を

参考文献　嶋﨑政男『生徒指導の新しい視座』ぎょうせい，2007年
　　　　　　嶋﨑政男『図解・生徒指導』学事出版，1994年

> 図1：生徒指導主事に求められる資質（文部省『生徒指導の手びき』〈昭和40年〉より）
>
> ①生徒指導の意義や課題を十分理解して，ほかの教師からはもちろん，生徒からも信頼される人間性をもっていること。
> ②学校教育の全般を見通す視野や識見をもち，生徒指導に必要な知識や技能を身につけているとともに，向上をめざす努力と研鑽を怠らないこと。
> ③生徒指導上必要な資料の提示や情報の交換によって，全教師の意識を高め，共通理解を図り，全教師が意欲的な取組みに向かうようにする指導性をもっていること。
> ④学校や地域の実態を理解し，それらに即した指導計画を立て，実際の指導に当たって創意工夫を働かせ，より優れた展開ができること。
> ⑤生徒を取り巻く最近の社会環境は激しく流動し，現代青年の心理も大きく揺れ動いていることを的確に把握し，それを指導に生かしていく態度をもっていること。

見据えた組織づくりが大切である。

④部内の役割・他分掌との連携・協働のあり方が明確になっていること

　総務渉外，校内生活，校外生活，生徒会活動，安全指導，教育相談等の担当者を適材適所に振り分け，相互に協力しながらそれぞれの職務を適正に果たすことが求められる。

《生徒指導主事の役割》

　生徒指導主事は，生徒指導部の責任者として，生徒指導部の組織活動の円滑な実施や全校生徒指導体制の確立に努めなければならない。その役割は「学校教育法施行規則第52条の2第3項」に規定されており，この改正省令の施行通達（1976年）には，「校長の監督」のもと，「生徒指導計画の立案，実施」「生徒指導に関する資料の整備」「生徒指導に関する連絡・助言」「教職員間の連絡調整」「関係教職員に対する指導，助言」の5点の職務が明記されている。

　なお，新たに設けられた主幹教諭は，「教頭の補佐」「教員の人材育成」「教員間の調整」「教員の指導・監督」という役割をもつ。この制度を先行導入していた東京都などの例では，生徒指導主事は主幹が兼務することになっており，生徒指導主事の職務は，これまで以上に「指導・監督」の意味合いが強まっている。

《生徒指導部の部内組織》

　分掌組織は，各学校の実状（校種，規模，教職員構成，教育方針，所在地の環境，生徒の実態など）によって異なるが，指導部と管理部の二部制をとる学校と，職務・目的ごとに細分化された分掌を設ける学校とに大別される。

　生徒指導を広義にとらえた場合，規律指導や問題行動指導はもとより，安全指導，保健指導，進路指導，給食指導，部活動指導のほか，「児童生徒への個に応じた指導」との観

点から，特別支援教育，教育相談活動，特別活動（学級活動や学校行事）などをも抱合した，「学習指導」を除く「児童生徒の指導全般」を指す。

したがって，保健部，進路指導部，教育相談部等を独立した分掌としている学校では，各分掌の役割分担と責任の所在を明確にするとともに，分掌間の連携・協働が円滑に推進できるよう，相互の緊密な連絡・協力が必要となる。

●──生徒指導部の組織活動

生徒指導部の活性化を図るには，生徒指導主事のリーダーシップのもと，各部員が自分の役割を適切に果たすことが重要であるが，課題によっては，生徒指導部が一丸となって，全校の教職員と共に取り組まなければならないものもある。ここでは，その2例を示す。

①危機管理態勢

「危機管理」とは，問題の予知・予測から，危機回避，危機準備，危機対応を経て再発防止にいたる一連の活動の総称である。危機管理の原則は「最悪を想って，慎重かつ素早く，誠意をもって，組織で対応すること」といわれる。とくに，「組織対応」は重要である。

「組織対応」の要（かなめ）は生徒指導部である。部内で緊急の役割分担を行い，指揮系統を整え，各自が自分の役割を最後まで遂行することが求められる。また，必要に応じて専門機関等と連携したり，部内での相互支援システムを機能させる必要がある。

②安全管理態勢

多くの学校では，生徒指導部のなかに安全指導担当を設けている。しかし，担当者が交通安全教室や避難訓練などの「恒例行事」を，何年も同じ実施計画書を基に実施していたのでは，生徒指導部の組織機能が低下していると指摘されても仕方がない。

安全管理には，「交通安全」「防災安全（火災や地震）」「生活安全（連れ去りや不審者侵入）」「情報安全（ネット社会の負の部分）」の4分野がある。いずれも，担当者を中心に年間指導計画にのっとって，系統的に推進する必要がある。

しかしいま，「生活安全」と「情報安全」については悲惨な事件が続発しており，喫緊の問題として全校あげての取組みが求められている。安全担当者だけでなく，生徒指導部全体でプロジェクトチームを結成して取り組むべき問題である。

●──外部機関等との連携・協働

生徒指導を進めるにあたっては，家庭をはじめ地域社会や専門機関等の連携・協働がきわめて重要である（本稿では異なる組織のいっぽうが主導権をもって，別の組織と同じ目

第1節 ● 生徒指導体制

図2：学校を取り巻く関係機関との連携

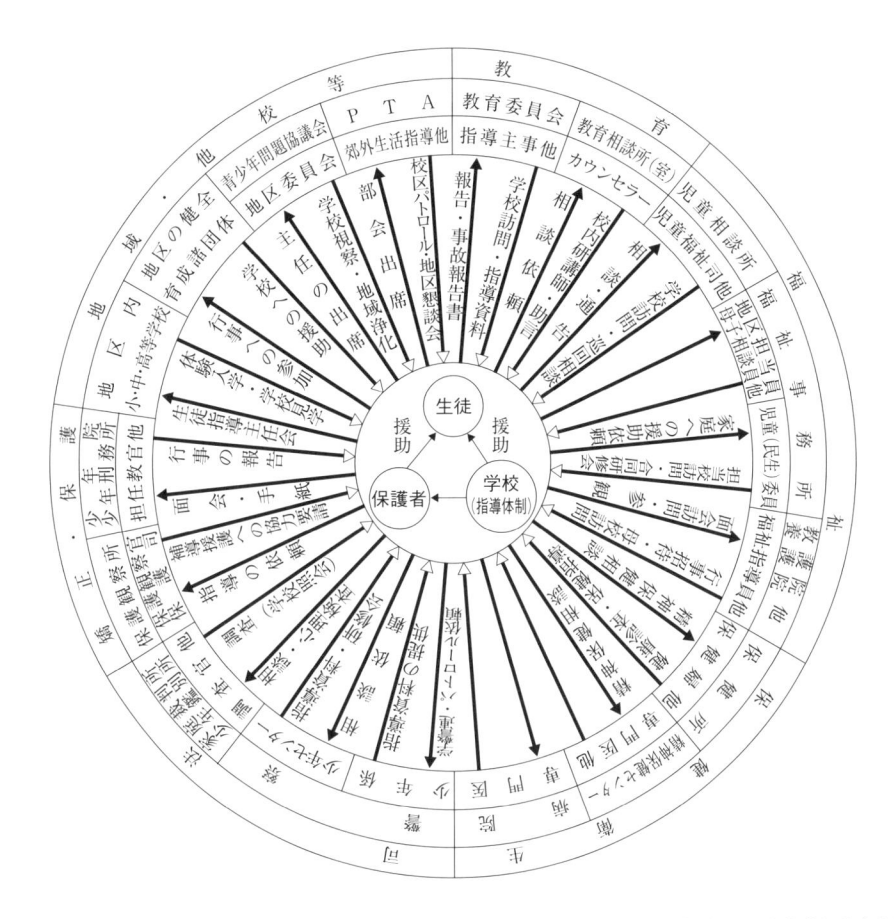

出典：嶋﨑政男『図解・生徒指導』学事出版，78頁

的のために活動することを「連携」，双方の組織が対等の立場で行う場合を「協働」と区別している）。

　連携・協働の有効性は「餅は餅屋」という言葉に象徴される。それぞれが相手の機能を尊重し，「足らざるを補い合う」姿勢で取り組むとその効果は相乗的に高まる。

　その際，学校には次のことが求められる。

①専門機関等の職務内容・構成人員・法的根拠に精通しておく。

②個人情報の保護等についての理解を深める。

③連携が始まった後に，相手側に「まかせきり」にしない。

④問題発生時だけでなく日常の連携・協働に努める。

⑤考え方や進め方に齟齬が生じた場合は，速やかに責任者・担当者で協議する。［嶋﨑政男］

第 2 節

チーム援助プロセス

チーム援助は，特定の子ども（個）に対する組織的な対応であり，計画的・系統的な援助プロセスを有している。援助プロセスは，「アセスメントの実施」「個別援助計画の作成」「チーム援助の実践」「チーム援助の評価」から構成される。

●──チーム援助の特色

チーム援助は，困難を抱えている特定の子どもに対するリアクティブな生徒指導である（八並，2003-2004，2006／神奈川県立総合教育センター，2006）。その種類は，チームサポート，サポートチーム，問題解決チーム，緊急支援チームなど多様である。

共通する特色は2点ある。第一に，個に対する組織対応であるということ，第二に，計画的・系統的な援助プロセスを有しているということである。援助プロセスは，「A（アセスメント：Assessment）」→「P（個別援助計画：Planning）」→「I（チーム援助実践：Implementation）」→「E（チーム援助評価：Evaluation）」という4つの段階を含む。

●──チーム援助のプロセス

チーム援助のプロセスは，右ページの図のとおりである。以下，具体的に説明する。

・チーム援助の開始：困難を抱えた子どもの問題解決に関して，学級担任や生徒指導担当から援助要請（①）があった場合，生徒指導委員会などの校内委員会で，チーム援助を行うかどうかの判断（②）をする。

・アセスメントの実施：学級担任，生徒指導担当，教育相談担当，学年主任，養護教諭，スクールカウンセラーなど複数の教職員や保護者によるアセスメント（③）を実施する。アセスメントから解決すべき問題を特定すると同時に，その子どもの長所や個性的な能力，今後伸ばしたい長所や能力（自助資源）と，子どもを取り巻く環境のなかで，どのような機関や団体等がサポーターとなれるか（援助資源）を予測する。また，教育委員会・警察・病院・児童相談所などの関係機関と連携した緊急対応が必要であるのか，ある一定期間多面的な観察を要するのか，現段階では注意深く見守るだけでよいのか，子どもの抱えるリスクの程度を判定するリスクアセスメントが重要である。そのうえで，

参考文献　八並光俊「連載・チームサポートの理論と実際」『月刊生徒指導』2003年4月号〜2004年3月号，学事出版
神奈川県立総合教育センター『ティーチャーズ・ガイドⅡ　チームで取り組む日々の実践と不登校への対応』2005年

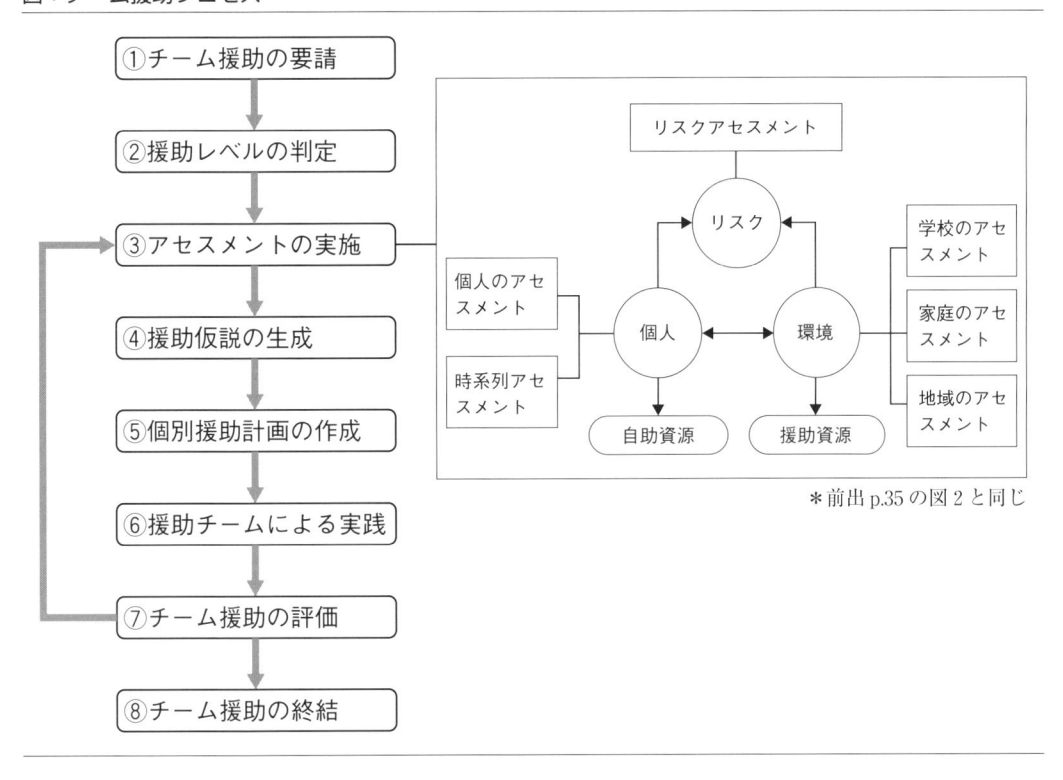

図：チーム援助プロセス

① チーム援助の要請
② 援助レベルの判定
③ アセスメントの実施
④ 援助仮説の生成
⑤ 個別援助計画の作成
⑥ 援助チームによる実践
⑦ チーム援助の評価
⑧ チーム援助の終結

リスクアセスメント
個人のアセスメント
時系列アセスメント
リスク
個人 ←→ 環境
学校のアセスメント
家庭のアセスメント
地域のアセスメント
自助資源　援助資源

＊前出p.35の図2と同じ

問題解決のための援助仮説（④）をたてる。

・個別援助計画の作成：問題解決に向けて，「だれに対して（援助対象）」「何を目標に（援助目標）」「いつ（援助時期）」「だれが（援助者）」「どこで（援助場所）」「どのような援助を（援助内容）」「どのような方法で（援助方法）」「いつまで行うか（援助期間）」という，個別援助計画を作成する（⑤）。個別援助計画に基づいて，援助チームを編成する。

・チーム援助の実践：個別援助計画に基づいて，チーム援助を実践する（⑥）。チーム援助では，定期的にチーム援助会議を開催し，援助チームのスタッフの援助行為と子どもの応答行為に関するモニタリング（動静把握）を行い，援助効果の確認や援助方法の工夫・改善を行う。

・チーム援助の評価・終結：学期末や学年末に，チーム援助実践の総括的評価を実施する（⑦）。この評価には，子どもの問題解決がどの程度達成できたのかという子ども評価と，援助チームの成果・課題・引き継ぎ事項などの組織評価の両者を含む。問題解決がなされたと判断されたときは終結する（⑧）。　　　　　　　　　　　　　　　　　［八並光俊］

参考文献　八並光俊「学校心理学部門　応用実践期におけるチーム援助研究の動向と課題―チーム援助の社会的ニーズと生徒指導との関連から―」『教育心理学年報』第45集，125-133頁，2006年
福岡県臨床心理士会編，窪田由紀・向笠章子・林幹男・浦田英範『学校コミュニティへの緊急支援の手引き』金剛出版，2005年

第3節

サポートチーム

サポートチームとは、「学校だけでは対処できない問題行動に対して、その状況に応じて、当該児童生徒に対して効果が期待される働きかけをする人・機関によって組織される連携チーム」のことである。

●──サポートチームの誕生

　生徒指導における連携・協働の重要性は、各種報告書や手引書のなかで繰り返し強調されてきた。しかし長い間、その適切な決断や効果的運用には課題が残されていた。このため、例えば1990年の「いじめ訴訟判決」（福島地裁いわき支部）で、「学校としては、警察や家庭裁判所その他の司法機関に対して、当該行為を申告して加害生徒をその措置にゆだねることもまた必要というべきである」と指摘されたりした。

　この背景には、「教職員だけでは対応しきれない状況が生まれているにもかかわらず、教職員の心理として、自分たちだけで問題を抱え込もうとする傾向が強い」（兵庫県「心の教育緊急会議報告」1997年）こととともに、「児童生徒の健全育成に関する学校と警察の相互連絡制度」の実施に伴う混乱に象徴されるように、学校が専門機関等との連携を進めることを、「教育の放棄」と非難する論調があったことも見逃せない。

　こうした傾向に風穴を開けたのが、少年の問題行動等に関する調査研究協力者会議報告書「心と行動のネットワーク－『心』のサインを見逃すな、『情報連携』から『行動連携』へ－」（2001年）であった。これを受けて設けられた「学校と関係機関との行動連携に関する研究会」は、サポートチームの先進的取組みを行っている地域の視察や個人情報保護との関係等の研究を進め、2004年にサポートチームの進め方や留意点等を報告書にまとめた。

●──サポートチームの推進

　サポートチームの要請は、校内チーム（管理職、生徒指導主事、教育相談担当教諭などで構成）の提案に基づき、校長が教育委員会などの市町村ネットワーク事務局に行う。要請書には、「当該児童生徒の氏名・生年月日・住所・所属学級・担任名」「当該児童生徒の問題行動等および指導記録」「家族構成や保護者の養育態度等の家庭状況」「問題行動等の

参考文献　嶋﨑政男『生徒指導の新しい視座』154-165頁、ぎょうせい、2007年

図：サポートチームの体制づくり

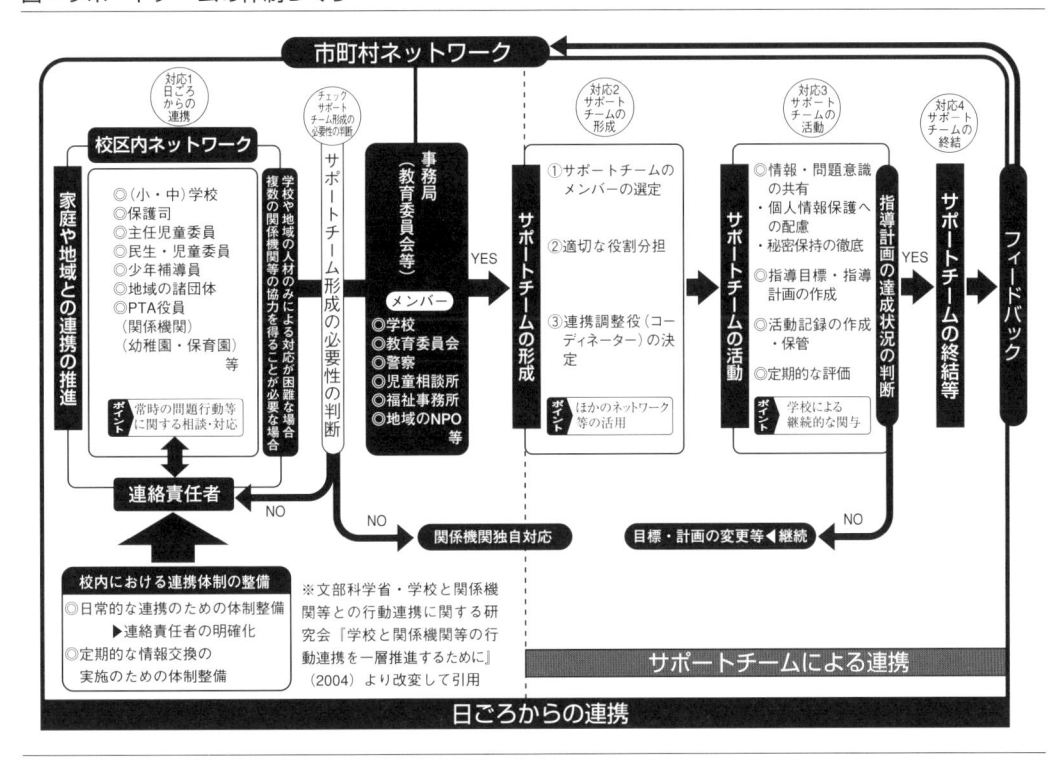

背景・原因」「改善目標および改善計画」などを記載する。

　サポートチームのメンバーには，改善目標を達成するために，当該児童生徒および家族などに対して，効果的な支援が期待できる人・機関を選定する。家族や親族は当該児童生徒と最も近い関係にあるので，その関係図（ジェノグラム）を作成し，影響力のある人物を適切に吟味する必要がある。

　次に，ジェノグラムに記載された人物にかかわりのもてる人・機関を記入する。ひとつの機関が複数の家族とかかわっていたり，一人の人物が複数の機関と関係している場合があるので，これらの関係を図示すると，相互の関係が理解しやすい。これをエコマップという。

　サポートチームはメンバーの役割分担を決め，学校から出された改善計画を基に，それぞれの役割を果たしながら，定期的に進行状況などの情報交換を行い，改善計画の見直しを図ったり，メンバー間の連携や調整を行う。この中心となるのがコーディネーターで，各人（機関）の取組み（縦糸）を横糸（連絡・調整）を使って紡ぐ機織役である。

　サポートチームの終結は，改善目標が達せられた場合，対象者が少年院送致になった場合などにメンバーの協議で決定する。

［嶋﨑政男］

第4節 コーディネーション

教師個人ではなくチームを組んだ対応が求められている。しかし，チームを組織するだけではなく，チームを機能させ，連携を促進する「働き」が欠かせない。このようなコーディネーションは，システムとして目には見えないが，組織対応のカギである。

●──援助サービスのシステムにおけるコーディネーション

子どもの援助ニーズに応じるには，組織的に対応できるシステムをつくりながらコーディネーションを行うことが必要である。コーディネーションは，「学校内外の援助資源を調整しながらチームを形成し，援助対象の問題状況および援助資源に関する情報をまとめ，援助チームおよびシステムレベルで援助活動を調整するプロセス」と定義できる。

コーディネーションは，援助サービスのシステムにおいて3つのレベルで機能する。

1つめは，とくに困難さをもつ子どもに対して編成される援助チームである。メンバーは，子どもの学級担任や養護教諭，保護者などから編成される。援助チームでは，子どもの問題状況についてのアセスメントを行い，個別の援助計画を作成しながら援助を行っていく。援助チームは必要に応じてつくられ，子どもの状況が改善されると解散する。

2つめは，システムの中間に位置するコーディネーション委員会である。例えば，生徒指導委員会やいじめ・不登校対策委員会，特別支援教育における校内委員会などがこれにあたる。メンバーは，教育相談や特別支援教育のコーディネーター，生徒指導主事，教育相談担当，養護教諭など，おもに校内で生徒指導や教育相談に携わる教師が中心となる。コーディネーション委員会では，特定の事例について検討したり，学内の援助体制について検討を行う。コーディネーション委員会は，定期的に開かれることで，恒常的・継続的に機能しながら，学校内の援助資源をつなぐ役割を果たす。

3つめはマネジメント委員会である。そのメンバーは，管理職，学年主任，生徒指導主事などである。学校全体の教育システムの運営や学校行事などに関する決定や調整を行う。

●──コーディネーション委員会による4つの機能

家近・石隈（図）は，中学校におけるコーディネーション委員会の事例解決過程を分析

参考文献　石隈利紀『学校心理学─教師・スクールカウンセラー・保護者のチームによる心理教育的援助サービス─』誠信書房，1999年

図：コーディネーション委員会の4つの機能

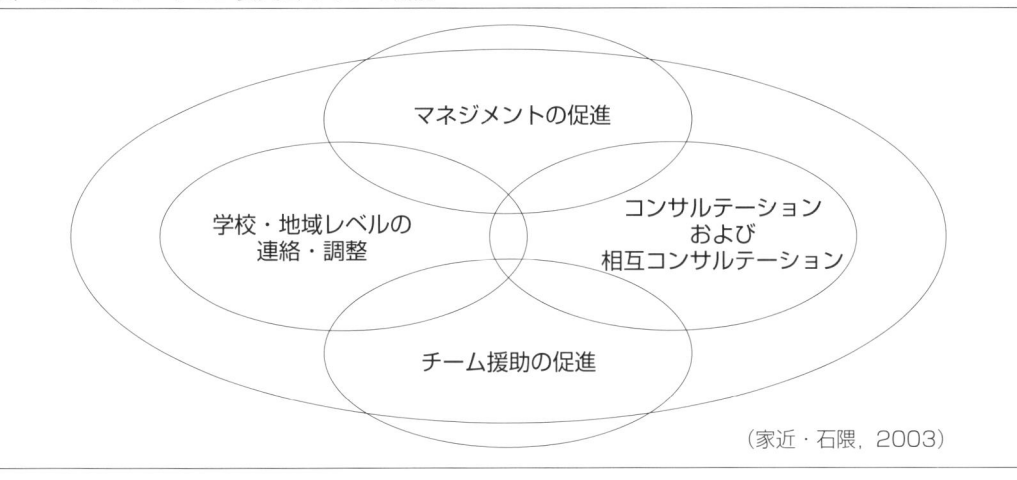

```
            マネジメントの促進

  学校・地域レベルの      コンサルテーション
    連絡・調整              および
                        相互コンサルテーション

            チーム援助の促進
```

(家近・石隈, 2003)

するなかから，コーディネーション委員会における4つの機能を見いだしている。
①異なる専門性をもつスクールカウンセラーや教師などが協力し合いながら問題解決を行うコンサルテーションおよび相互コンサルテーション機能
②学校全体の取組みとして生徒に対する効果的な援助や情報の提供を行う，学校・学年レベルの連絡・調整機能
③共有された援助方針をそれぞれの援助チームに伝えるチーム援助の促進機能
④校長の意思伝達や教職員との連携が図られることによる，マネジメントの促進機能

●──校内委員会の実践例～特別支援教育学校の地域支援担当との連携～

A小学校の校内委員会では，地域の特別支援教育学校の地域支援担当の教員が出席して，苦戦する子どもの事例や学校での援助システムについてコンサルテーションを行う。

地域支援担当教師は，A小学校に来ると，まず苦戦している子どもの授業を観察し，学級活動の時間も観察する。校内委員会の会議では，教育相談コーディネーターが司会を行い，記録は児童指導担当の教師が交替で行う。子どもの担任から報告があり，石隈・田村式援助チームシートなどを使い，子どもができること，困っていることについて整理しながら，援助方針と援助案を決定する。学校での実践に対する地域支援担当教師による整理や支持，そして事例に関する見立てと援助に関する提案が委員会を促進する。

委員会に参加した教師は，自分の実践に対する安心感と具体的な援助案を得て援助に対する意欲を高める。

［家近早苗・石隈利紀］

参考文献　家近早苗・石隈利紀「中学校のコーディネーション委員会のコンサルテーションおよび相互コンサルテーション機能の研究─参加教師の体験から─」『教育心理学研究』第55巻第1号，82-92頁，日本教育心理学会，2007年

第5節

教育相談コーディネーター

「教育相談コーディネーター」は，複雑化・多様化した子ども一人一人の教育的ニーズに応じた支援を，チームで行うためのキーパーソンである。校内や校外の人的・物的資源をつなぎ，新たな支援のアイデアを生み出す要でもある。

◉──チーム支援の核となる「教育相談コーディネーター」

不登校やいじめ，暴力行為，発達障害，外国籍など，子どもが抱える「自らの力だけでは解決できない課題（教育的ニーズ）」は，今日，複雑化・多様化し，担任や生徒指導担当者一人の支援だけでは，その解決は困難である。そのような「抱え込み型」から，関係者がチームとして支援する「役割協働型」への教育相談のあり方が求められている。

「教育相談コーディネーター」は，教育的ニーズを抱えて「困っている子ども」への「気づき」を，「チーム支援」につなげるためのプロセスをデザインするキーパーソンである。具体的には，子ども・担任・保護者のニーズの把握，チームの編成提案，ケース会議の運営，関係機関との連絡・調整などの役割を担う。

学校の実情により異なるが，児童生徒指導担当，教育相談担当，教務担当，養護教諭，特別支援学級担当，通級指導教室担当など，学校全体にかかわる校務の担当者や，特別な教育的ニーズのある子どもの支援担当者がその役割につくことが多い。

また，「教育相談コーディネーター」のほかに，「特別支援教育コーディネーター」や「校内研修コーディネーター」など，複数の「コーディネーター」を位置づけ，お互いの専門性を生かし，「コーディネーターチーム」として活動している学校もみられる。

◉──「神奈川県の支援教育」と「教育相談コーディネーター」

神奈川県では，上記のような課題を抱えた子どもも含め，すべての子どもの教育的ニーズに適切に対応していくことを根幹に据えた学校教育を「支援教育」とし，その推進に不可欠な「教育相談の充実」のための校内教育相談体制づくりを進めている。

2004年度から養成研修を始めた「教育相談コーディネーター」は，小・中・高等学校での指名も徐々に進み，校内教育相談体制での役割も位置づけられてきている。

参考文献 諸富祥彦編『教師が使えるカウンセリング』ぎょうせい，2004年
神奈川県教育委員会『一人ひとりのニーズに応える学校づくり―「教育相談コーディネーター」を核とした協働チーム支援―』2004年

図:「教育相談コーディネーター」を核とした支援のプロセス

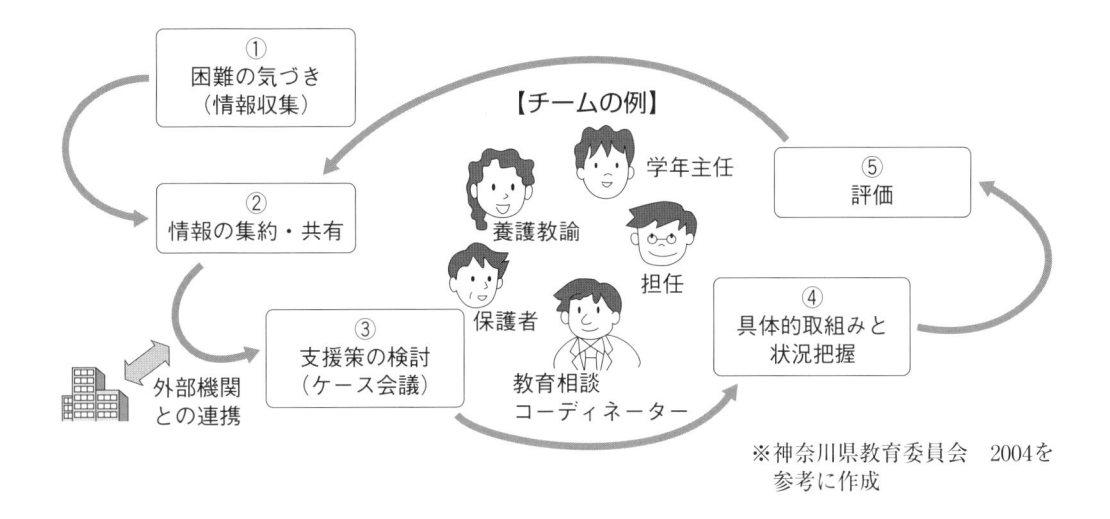

① 困難の気づき（情報収集）
② 情報の集約・共有
③ 支援策の検討（ケース会議）
④ 具体的取組みと状況把握
⑤ 評価

外部機関との連携

【チームの例】
学年主任／養護教諭／担任／保護者／教育相談コーディネーター

※神奈川県教育委員会 2004を参考に作成

●──「教育相談コーディネーター」の活動の実際

以下，具体的な動きを大まかに示す（上図参照）。

①困難の気づき（情報収集）：子どもの小さな変化を見逃さないように，"アンテナ"を高くして情報を集める。また，担任や教科担当教員，保護者等による「気づき」を吸い上げる。

②情報の集約・共有：「気づき」を共有すべきメンバーを判断し，チームを編成，情報を共有する（管理職にも同時に報告）。保護者やスクールカウンセラー，外部の関係機関がチームの一員となるケースでは，必要に応じて連絡をとる。情報は，困っている様子だけではなく，子ども自身がもっている強み（自助資源）や校内・外の支援のための人的・物的資源なども含めて総合的に把握する（アセスメント）。なお，個人情報の取扱いについては十分留意する。

③支援策の検討：ケース会議では，「石隈・田村式援助チームシート」などを活用し，「だれが」「何を」「どのくらいの期間」支援するかを具体的に検討する。このケース会議が，生徒指導の成否のカギを握る（山口・石隈，2005）。

④具体的取組みと状況把握：支援策を基にチームのメンバーそれぞれが支援に取り組む。支援の進捗状況を随時把握し，必要に応じて情報交換や打ち合わせを重ねる。場合によっては，方針の微調整も行う。

⑤評価：一定期間後，チームで評価をする。取組みを振り返ることで次の支援にも生かせる。

［及川利紀］

参考文献　神奈川県立総合教育センター『教育相談コーディネーターハンドブック』2006年
（http : //www.edu-ctr.pref.kanagawa.jp/sien/index.html）
山口豊一編・石隈利紀監『学校心理学が変える新しい生徒指導』学事出版，2005年
石隈利紀・田村節子著『石隈・田村式援助シートによるチーム援助入門』図書文化社，2003年

第6節

スクールソーシャルワーカー

教育と福祉をつなぐ専門家のスクールソーシャルワーカー（SSW）は，子どもの生活環境等に注目し改善を図り，福祉関係機関等とのネットワークを構築し支援体制を整える。教育委員会や学校がチームに組み込み，問題行動等の未然防止につなげる。

●——SSWの役割

中学校で顕在化する問題行動や「あそび・非行型」不登校などは，小学校時代の子どもを取り巻く環境が影響している場合が多い。いっぽう小学校では，子どもの課題が表面化しにくく担任が抱え込む傾向があるため，学校が組織で対応する体制が整っていない現状も少なからずあった。急増する虐待相談など，関係機関と対応するケースの増加に伴い，改めて小学校段階での早期かつ組織的対応や，関係機関との連携体制の確立が求められていた。

大阪府教育委員会では，2005年度からの3か年，学校と福祉をつなぐ専門家として，7人のスクールソーシャルワーカー（SSW）を府内7校の小学校にモデル配置し，組織対応の推進と状況に応じた関係機関との連携の充実をめざした。

初年度，SSWは配置7校を中心に413件に対応した。その後，配置市や近隣市町村へと活動範囲が広がり，2007年度に対応したケースは713件となった。教職員とSSWが連携し，迅速に対応する体制が整備されたためだ。その重要なポイントは，子どもの状況を環境との関係からとらえ直し，「アセスメント（見立て）→プランニング（手だて）→モニタリング（検証・見直し）」を行う校内ケース会議の定期実施である。

事例：不登校の問題にSSWがかかわることにより好転したケース

ある一人親家庭の小学3年生は，保護者が朝起きられず，担任が毎朝家庭訪問を行っていた。ところが，保護者の家庭訪問拒否をきっかけに，子どもの欠席が続くようになった。そこで，校内ケース会議で，SSWは担任の状況把握の重要性とともに保護者の負担感に注目し，登校支援ボランティアを活用して保護者の自助努力を促すことを提案した。そして，管理職が保護者に登校支援ボランティアを紹介した。その後，子どもは登校するようになり，保護者と担任の関係も改善した。

このように，子どもや保護者が困っていることを共通理解し，教職員のこれまでの取組

注：大阪府教育委員会SSWの資格……社会福祉に関して専門的な知識・経験を有する者（社会福祉士およびそれに準ずると認められる者）で，過去に小中学校において相談・援助活動をした経験のある者。

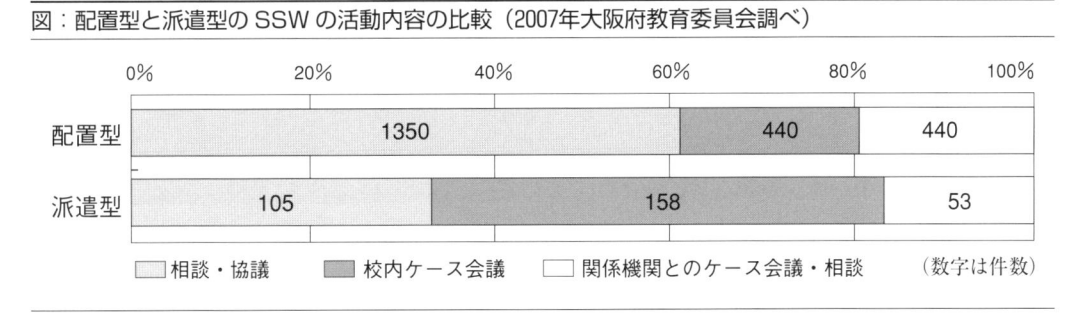

図：配置型と派遣型のSSWの活動内容の比較（2007年大阪府教育委員会調べ）

	相談・協議	校内ケース会議	関係機関とのケース会議・相談
配置型	1350	440	440
派遣型	105	158	53

（数字は件数）

みの成果を生かしつつ，学校が知らない福祉サービスを提案することもSSWの役割である。

●──配置型と派遣型のSSW活用

　SSWの活用は，指定校で教職員と連携して対応する「配置型」（指定校間の定期的巡回型を含む）と，市町村教育委員会が必要な学校にそのつど派遣する「派遣型」に大別される。

　配置型の特徴は，子どもの日常生活を観察し，早期に対応できる点にある。校内ケース会議での共通理解をもとに教職員とチームで対応するため，相談対象の7～8割は教職員である。ケース会議やチーム支援が充実し，組織体制も整備されるが，効果が他校に普及しにくい。SSWの配置による組織体制の改革や教職員の意識変革等の情報を発信し，SSWの有無によらない組織体制の整備や関係機関との連携ネットワークづくりを進めていく必要がある。

　派遣型の特徴は，緊急・重篤なケースなどにピンポイントで支援が行える点にある。学校の取組みを理解し，子どもの状況を環境との関係から整理して行われるアセスメントやプランニングは，硬直した状態に不安を抱える管理職や教職員の大きな支えとなる。ただし，派遣型では問題が深刻になってからかかわるため，事前にこれまでのいきさつや取組み，教職員等の意識を十分把握しておく必要があり，指導主事との連携が欠かせない。また，学校外から専門家を投入するという点で，市町村教育委員会の主体性が求められる。

●──SSWの効果

　教職員がSSWと連携するケースの増加に伴い，教職員から「困った子は，実は困っている子なんだ」という言葉を聞くようになった。関係機関と学校が連携するなかで「虐待の疑い」「非行」といった共通で用いる語も，内容や示す範囲には差異があることなど，互いの理解も進んでいる。こうした子ども理解の深まりと，組織的かつ開かれた生徒指導体制の構築・推進は，問題行動等の未然防止や適切な対応への大きな原動力となっている。

［中野　澄］

参考文献　大阪府教育委員会『SSW配置小学校における活動と地区での活用ガイド』2006年
　　　　　山野則子・峯本耕治編著『スクールソーシャルワークの可能性』ミネルヴァ書房，2007年

コラム　学校にもち込まれる苦情への対応

中條　郁　京都府乙訓教育局局次長

●はじめに

　京都府教育委員会では，平成19年11月に市町村教育委員会の協力を得て，保護者等から学校にもち込まれる苦情への対応のあり方について，実践的マニュアル「信頼ある学校を創る―学校に対する苦情への対応―」を作成した。これは「苦情の理解と予防」「苦情への対応」「学校が負うべき責任の実際」を内容としている。

●作成上の考え方

　少子高齢化や核家族化，技術革新や情報化，国際化などによる社会機構や労働形態の変化が急速に進み，これらが家庭や地域の教育力の低下，人間関係の希薄化，孤立化等にも影響を与えているといわれている。また，「学校」「教職員」に対する考え方も，確実に変化してきている。このような背景を踏まえたうえで，学校への苦情の内容を理解することが重要である。

　したがって，保護者からの苦情への学校の対応の第一歩は「信頼ある学校を創る」ことにあり，そのために下記2点が必要であると考える。
①事例をもとに「学校が負うべき責任のとらえ方」を日常的に点検しておくこと
②教職員一人一人が教育相談の知見を生かした「苦情の聴き方」を身につけていること

●「苦情」について

　学校に対するさまざまな要求や苦情は，その対応如何によっては長期化，複雑化してしまい，新たな理不尽な要求に発展することもある。

　しかし，その一見理不尽と思える要求の中には，より質の高い教育活動を展開するうえでの重要な示唆を含んでいるものもある。

　苦情を厄介なものとして否定的にとらえるのか，肯定的にとらえるのかは，学校が保護者からの問いかけに適切に応え，その責任を果たしていくうえで最も大切な点であるとも言える。

●本冊子の特徴

　そこで，本冊子の作成に当たっては，まず，学校にもち込まれる理不尽な要求や苦情は，日ごろから学校の責任を明確にし，それを果たすことで予防できる側面があることを重視した。学校に対する要望を日常的に把握しておくことはもちろん，教職員は，子どもや保護者との信頼関係を築くためにも自分が指導をしたことだけでなく，それがどのように子どもに届いたかについても心を配ることが大切である。

　また，校内研修等で活用しやすいように教育相談の知見を生かし理不尽な要求や苦情を4つにタイプ分けをし，それぞれのタイプへの対応についての基本姿勢や留意点を整理し紹介した。

　例えば，苦情の圧倒的多数は「現実正当型」に分類できる。これは学校が責任を負っているにもかかわらず，それが不履行であったり，不適切な対応をしているために引き起こされる苦情である。まず「相手の立場から聴き」，「何を，どこまで求めているのか」「了解できる問題のとらえ方をしているのか」を見きわめる。そのうえで，学校が謝罪も含め，苦情にきちんと応えることで学校への信頼感が高まり，より協力的な支援者となってくれることが多い等，対応のポイントを示している。

　各学校では，校内研修の資料として本書を活用するなど，実践を振り返るとともに，過度で理不尽な要求や苦情に対しては，「子どもや保護者との信頼関係に基づいた日常の教育活動の展開」こそが，最も大切であるとの共通理解に立ち，自信と誇りをもって実践する「構え」を作り上げている。

（参考文献：京都府総合教育センター「信頼ある学校を創る―学校に対する苦情への対応―」2007年11月
http://www.kyoto-be.ne.jp/ed-center/gakko/zen_sinraiaru.htm）

第7章

担任の日常的な生徒指導

第1節

学級経営

学校教育における生徒指導は，教科にかかわる学習指導と同じように，日常的に行われるものである。すなわち，学級という場において，指導が重ねられる。学級担任の学級経営そのものが生徒指導ということになる。

●──考え方と目標地

ここでは，学級担任による生徒指導という観点から，学級経営について論じる。

学級とは，「社会的存在として児童生徒が学び，生きる場（設定された環境）」を意味する。社会的存在というのは「自己を生き（個性化），関係を生きる（社会化）存在」という意味である。両者は児童生徒の別々の生の過程をいうのではなく，児童生徒が撚り糸で「社会的存在」を織り上げるものである。生徒指導は学校教育の2大機能のひとつであり，児童生徒の発達・適応を促す教育指導と考える。人が社会的存在であるが故に，発達・適応には2側面がある。自己を生きる，関係を生きるという2側面である。

学級担任は学級をとおして児童生徒の個性化と社会化を促す教育指導をすることになる。すなわちこれが学級経営である。このように考えると，学級経営は学校教育における生徒指導機能の中核を占め，両者は不即不離の関係にあるといえる（図1）。

●──学級集団への指導

文部科学省が全国の小・中学校および高等学校に向けて「居場所づくり」「心の教育」「キャリア教育」を積極的にするようにという通達を出して久しい。

松田孝志は居場所づくりについて以下のように述べる。

「居場所は物理的居場所のみを指しているのではなく，そこに居ることによって，自己や他者との関わりの中から生じる感情，つまり心理的居場所をも意味している。心理的居場所は，安らぎ，くつろぐことができるという『リラックス』因子と，楽しくて，自分の能力が発揮でき，自分の存在が認められ必要とされるという『やりがい』因子と，ひとりになって静かに自分について考えるという『プライベート』因子の3つから構成されている」（『居場所づくりを支援する』NTS教育研究所，8-9頁，2008年）。

参考文献　伊藤美奈子『個人志向性・社会志向性からみた人格形成に関する一研究』北大路書房，1997年
犬塚文雄編集『社会性と個性を育てる毎日の生徒指導』図書文化社，2006年
Moustakas, C. E., *Being-in, Being-for, Being-with*. Jason Aronson INC. 1995.
片野智治『構成的グループエンカウンター研究』図書文化社，2007年

図1：学級経営における生徒指導の概念図（片野）

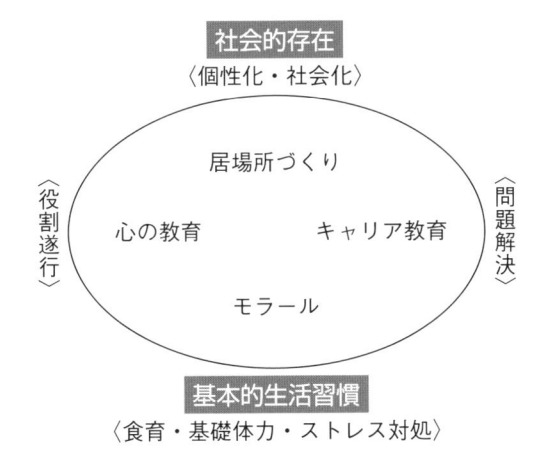

```
             社会的存在
          〈個性化・社会化〉

              居場所づくり
 〈役割       心の教育   キャリア教育    〈問題
  遂行〉                              解決〉
                モラール

            基本的生活習慣
     〈食育・基礎体力・ストレス対処〉
```

　次に居場所づくり，心の教育，およびキャリア教育を学級で実践する場合の原理，方法，実際（進め方）について述べる。

①原理

　まず原理として，「ワンネス―ウィネス―アイネス」を示したい。「ワンネス」は児童生徒理解の根幹になる。これは子どもの内的世界に潜入し，彼らの内的世界を虚心坦懐に理解するというものである。例えばニイルは「問題の子どもは不幸な子どもである。彼らは内心に戦っている」という。戦っている子どもの内心を理解するには，学級担任の先入観や枠組を取り払って，ただただ無心に子どもの言うところに耳を傾けるのである。彼のいうところを取捨選択しない。勝手に解釈しない。子どもの身になって聞き耳を立て，観察することで，彼がどのように感じ受けとめているか（認知）を理解しようとする（図2）。

　原理「ウィネス」は，一貫した支持的態度に貫かれている。子どもの意思決定の過程を尊重するという態度をけっして失うことはない。このような態度のもとで，学級担任は子どもとスクラムを組む。あたかも彼らと同盟を結成しているかのように，担任は子どもの足しになるようなことをしたいという姿勢をつねに示す。

　原理「アイネス」は毅然たる態度で，学級担任は自己主張する。また生産的論戦（対決，コンフロンテーション）に参加する。しかしこれは子どもたちを論破し，屈服させるというものではない。むしろ彼らの自己主張や論戦を誘発する作戦に出る。

②方法

　居場所づくりでは，つねに級友間と，教師と一人一人の子どもとの間のリレーション（心のきずなとなりうる「ふれあいのある人間関係」）を形成することがねらいであろう。

参考文献　A. S. ニール著，霜田静志訳『問題の子ども』黎明書房，1967年
　　　　　國分康孝他『エンカウンターとは何か』図書文化社，2000年
　　　　　片野智治編集代表『エンカウンターで進路指導が変わる』図書文化社，2001年
　　　　　國分康孝・片野智治『構成的グループ・エンカウンターの原理と進め方』誠信書房，2001年

図2：生徒理解の着眼点（片野）

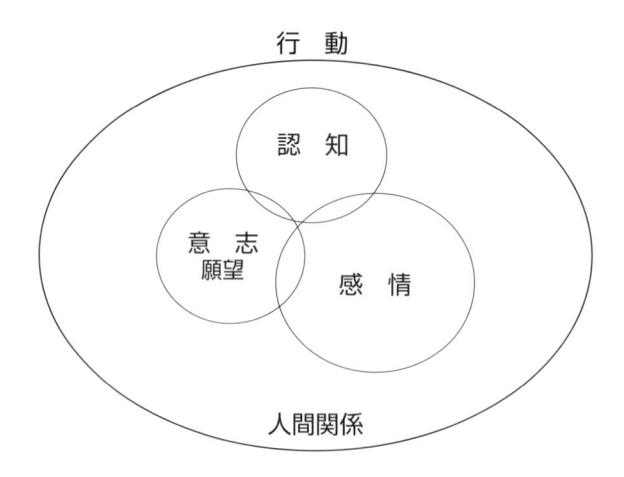

```
              行　動
        ┌─────────────┐
        │    認　知    │
        │  ┌──┐       │
        │意志│  │      │
        │願望│感情│    │
        │  └──┘       │
        └─────────────┘
              人間関係
```

　心の教育は，思考・感情・行動の教育のことである[注]。思考を練る，感情体験の幅を広げる，対処行動を身につけるというところに主たるねらいがある。すなわち思考が練れていないと短絡的な行動（例：キレ行動）や単純な感情（例：ムカッとする）を誘発しやすい。対処行動を身につけていると，行動が自由かつ柔軟になる。例えば仲直りする（関係修復）行動を身につけていないと，友人関係がいっそう悪化し，関係を不自由にしてしまう。感謝の行動をとれない子どもたちは，ギブ・アンド・テイクの水平関係を維持できない。

　キャリア教育では，次の内容を学習させたい。何が好きか（興味），何をしたいのか（欲求・価値観），何ができるのか（能力），どのような働き方をしたいのか（ワーキングスタイル），どのような暮らし方をしたいのか（ライフスタイル）といった自己理解，そして選択（意志決定），適応，成長にかかわる進路学習を重ねる。このとき構成的グループエンカウンターの原理と技法を活用することが効果的である。さらにコンピテンシーとして，人間関係形成能力，情報活用能力，将来設計能力，意思決定能力を育成する必要がある。

　以上のような方法3つを用いて学級経営をすすめ，児童生徒の機能的行動（目標をもった行動・自己啓発的行動）（図3）を促したい。

③進め方

　学級担任による学級経営そのものが生徒指導であると前述した。この考え方に立つと，特別活動や総合的な学習の時間，道徳の授業，学校行事，学年や学級の行事を含めて，あらゆる機会を有効に活用して，教育効果のある集団体験を用意することが望まれる。

　展開する場合には，構成されたグループ体験（例：構成的グループエンカウンター Structured Group Encounter，略称SGE）をベースにするのが望ましい。SGEは「ふれあ

注：文部科学省のいう「心の教育」は，國分康孝が提唱する教育カウンセリングの観点からいえばサイコエジュケーションのことである。これには思考の教育，感情の教育，行動の教育の3つがある（篠塚信・片野智治編著『実践サイコエジュケーション―心を育てる進路学習の実際―』図書文化社，1999年）。

図3：機能的行動概念図（片野）

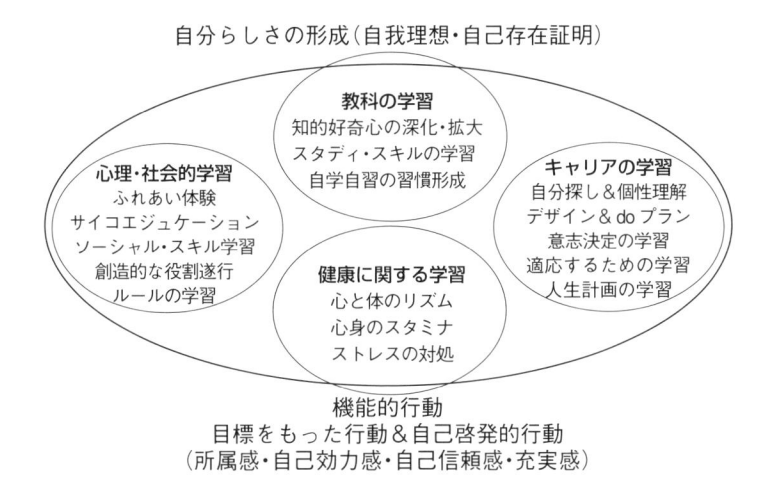

自分らしさの形成（自我理想・自己存在証明）

- **心理・社会的学習**
  ふれあい体験
  サイコエジュケーション
  ソーシャル・スキル学習
  創造的な役割遂行
  ルールの学習

- **教科の学習**
  知的好奇心の深化・拡大
  スタディ・スキルの学習
  自学自習の習慣形成

- **キャリアの学習**
  自分探し＆個性理解
  デザイン＆doプラン
  意志決定の学習
  適応するための学習
  人生計画の学習

- **健康に関する学習**
  心と体のリズム
  心身のスタミナ
  ストレスの対処

機能的行動
目標をもった行動＆自己啓発的行動
（所属感・自己効力感・自己信頼感・充実感）

いと自他発見（自他理解）」を目的にしたグループ体験のことである。グループ体験の過程では，児童生徒はふれあいの過程（受容・被受容体験，共感・被共感体験：グループ過程・社会化の過程）を生きる。いっぽう「あるがままの自分に成る」過程（個人過程）を生きる。この過程を体験することで，心の居場所が形成される。進め方の留意点は，感じたこと気づいたことを自由に語り合う「シェアリング」をきっちり行うことである。これによって，児童生徒の感情・思考が共有され，感情・思考（認知）が修正・拡大される。

●──個への指導

個への指導の方法に関しては以下のような方法が有効である。

第一はフォローアップ面接である。これは居場所づくり，心の教育，キャリア教育の学級集団へ向けた指導過程と関連させた面接。例えば，担任の指導に抵抗をみせる，集団のなかで反応を異にするような児童生徒には，適宜個別面接（面談）をする。

第二は集団へ向けた指導をする場合，指導の画一化に陥りやすい。同じ方向を向く，同じような感情体験を求めがちになる。これは集団の画一化である。一人一人の子どもが周囲と異なる意見や反応をすることが望ましい。"Big we, small I"（同調圧力）を予防したい。

第三の方法は集団の中で起きた問題は集団の中で解決するという方法である。

個への指導の進め方の第一は，一人一人の長所を「担任と子どもたち」が相互に認め合うことである。これは子どもの承認欲求を充たすことになり，自己肯定感を高める。第二は子どもの欠点・短所をリフレーミングして，長所の育成につなげることである。学級集団60の瞳の資源を十二分に活用したい。　　　　　　　　　　　　　　　　　　　　［片野智治］

参考文献　木村周他『人を育てる中小企業』全国労働基準関係団体連合会，2007年
クリストフ・アンドレ＆フランソワ・ルロール著，高野優訳『自己評価の心理学』紀伊国屋書店，2000年

第2節

学習指導

学校教育の中核である学習指導（授業）で，生徒指導としてまず機能すべきは，「学習ルールの指導をきちんと行い，授業を安心の場とすること」「自己開示，シェアリングなどの方法を用いて，授業で人間関係を育てること」である。

●──授業を安心の場とする

①学習ルールを身につけさせる

　授業における生徒指導として大切なのは，どの子どもも安心して学ぶための学習ルールを身につけさせることである。例えば，次のような授業風景が見られる。

・チャイムが鳴っても着席せず，教師が何度も「早く座りなさい」と注意する。
・授業が始まってもノート，教科書の準備をすることがない。
・授業中は，挙手せずに発言したり，すぐにおしゃべりが始まったりする。
・休み時間と授業時間の区別がなく，ふざけたり自分勝手な発言が中心に学習が進む。

　教師は，授業で子どもが「わかる」こと，「できるようになる」ことをめざしている。しかし，これよりもさきに取り組まなくてはいけないのが，学習ルールの指導である。学習ルールが乱れた学級では，子どもは安心して授業に取り組めないからだ。

②年度始めの粘り強い指導

　学習ルールを身につけるために大切なのは，年度当初の指導である。年度当初，教師は指導計画の立案や校務分掌の打ち合わせなどで忙しい。しかし，この時期に学習ルールの指導をおろそかにすると，緊張感がなくなる5月の連休明けくらいから授業がうまくいかなくなることがある。4月のスタートから，「聞く態度はどうするのか」「発言するときはどうするのか」「学習の準備はどうするのか」などを粘り強く指導したい。

　そこで，学年の発達段階や学級の実態に対応した学習ルールを子どもたちと話し合い，一人一人が安心して学ぶことのできる授業をつくるようにしたい。

③「聞く」「発言する」「学習道具を整える」に関する学習ルールを身につけさせる

　授業では，とくに「聞くこと」「発言すること」「学習道具を整えること」の学習ルールを身につけさせる。

参考文献　小島宏・寺崎千秋編『学ぶ力を育む学習ルールの作り方・生かし方』明治図書，2003年

図1：授業のルール（例）

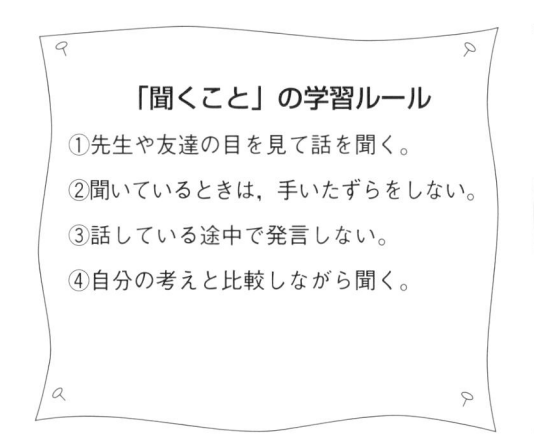

「聞くこと」の学習ルール
①先生や友達の目を見て話を聞く。
②聞いているときは，手いたずらをしない。
③話している途中で発言しない。
④自分の考えと比較しながら聞く。

「発言すること」の学習ルール
①先生に対してだけでなく，学級全体に向かって発言する。
②全体に聞こえる大きさで，はっきり発言する。
③ハンドサインなど，学級の決まりを使う。
④「○○です」「□□と思います」「△△がわかりません」など，語尾までしっかりと言う。

　聞くことの指導としては，教師が「聞くこと」を大切にしていることを繰り返し話し，子どもがよい聞き方をしたときにはほめるようにする。また子どもに聞く態度ができていないときは話し始めないようにするなど，聞くべきときの区別をつけさせる指導を行う。

　発言することの指導としては，まず教師がわかりやすく発問をして，子どもの意見を引き出すようにする。そして教師の発言を少なくし，子どもの出番の多い授業をめざす。

　これらに関して，どのようなルールで授業を進めるのかを掲示し（図1），一人一人に学習ルールが身につくようにすることで，授業を安心の場としていく。

●──授業で意欲・自信を高める

　教師には，授業中でも授業以外でも子どもの学習意欲を高めることが求められている。それは，子どもが学校や家庭で自らを高めようとする意欲にもつながる。

①**教師の援助**

　石隈は，教師の学習活動の援助として，4つの支援をあげている。

- ・情緒的支援：子どもへの声かけ，ニコニコ笑顔，笑い，冗談
- ・情報的支援：問題解決のための情報のタイムリーな提供，わかりやすい説明
- ・評価的支援：学習活動に対するフィードバック，活動の方法や結果への評価
- ・道具的支援：環境の調整，時間の提供，参考書の提供

　いずれの援助でも，子どもの意欲・自信を高めるための工夫を行う。なかでも情緒的支援の活用は大切である。その方法として「ほめる」ことが効果的だが，目立たない子どもや配慮を必要とする子どもの「よさ」に気づくことはむずかしい。そこで，どんな子ども

参考文献　石隈利紀『学校心理学』誠信書房，1999年

でも1日に1つはプラスの変身をしていると思って「よさ」を見つけるようにする。このようにして教師が子どもを見る目を磨くと、その子なりの変身を見つけられるようになる。

次に、子どもの成長に生かすという観点から、評価的支援を見直したい。正確さや公正さだけでは、評価活動として不十分である。「60点、よくがんばっているよ。こんな勉強のやり方を続けてほしいな」のように、たとえ点数が低くても子どもが評価結果を受け入れ、自分の力にするための支援を行う。

②かかわりで自分のよさに気づく

子どもが自分のよさに気づくことは自信となり、意欲につながる。それには、授業でかかわりの多い学習活動を展開する。

かかわりを広げ、深めるには、感じたこと学んだことを率直に分かち合う活動（シェアリング）を活用するとよい。子ども同士でペアやグループ、学級全体など、多様な形で行う。教師が自分の思いを「アイメッセージ」（「私は」を主語にする話し方）で語るなどができれば、短時間でも深い分かち合いができる。

●──授業での関係づくり

①学習意欲を支える人間関係

教科の特性をおさえて、学びを深化させる教材提示や展開の仕方の工夫は重要である。いっぽう、好ましい人間関係は、子どもの学ぶ意欲や態度と密接に関係している[注]。支持的な学級風土、自由で独創的な意見を受け入れる受容的な学級風土、間違った意見でもその子どもの立場に立った受け止め方をする共感的な学級風土などがあれば、学習は促進される。これからは、学ぶ意欲を高めるためにも、いっそう子どもたちのコミュニケーション能力や人間関係を高める観点をもって授業を進めることが求められている。

②自己開示による関係づくり

学習意欲を高めるために人間関係をつなぐには、教師が授業のなかで子どもと本音と本音の交流を行うことが有効である。

ある国語の授業で教師がわが子からもらった手紙を紹介し、母親（自分）や家族の「うれしい」「心が通い合う」という気持ちを語った。教師が母親としての本音を自ら開示（自己開示）したことが、子どもの「手紙を書こう」という意欲を高めていた。授業のねらいにそって、教師が気持ちや感情を語ることが、子どもの心に響き追究を深める。

③人間関係を育てる授業

授業で人間関係を育てる方法は、構成的グループエンカウンターなどのグループアプローチから学ぶことが多い。子どもの心や人間関係に働きかけるスキルを紹介する。

注：全国学力・学習状況調査の分析から、「友達と会うのが楽しいと思っている子供の方が正答率が高く、家庭学習の時間も長く、学習意欲も高い」（2008年、富山県教育委員会）ことが指摘されている。

図2：子どもの心や人間関係に働きかけるときに有効なスキル

（1）活動調整（coordination of activity）に関するスキル
　　　子どもの心を大切に一人一人に応じた　　　　……………　①展開調整
　　　活動をつくるためのスキル　　　　　　　　　　　　　　　　②介入調整
　　　　　　　　　　　　　　　　　　　　　　　　　　　　　　　③シェアリング調整

（2）自己開示（self-disclosure）に関するスキル
　　　いま，ここで感じたことを大切に気づきの　　……………　①指導者自己開示
　　　深まりや広がりをつくるためのスキル　　　　　　　　　　②自己開示促進

・活動調整のスキル（展開調整，介入調整，シェアリング調整）

　例えば，介入調整は，活動がねらいどおり進行しない状況や，子どもが課題に抵抗を示したり，活動によりダメージを受けたりしている状況に対処するスキルである。「バカじゃないの」「うざいよ」など，授業での友達を傷つける言動は見逃さないようにしたい。言われた子どもに「勇気を出していまの気持ちを言ってごらん」と嫌な気持ちを表明するように援助し，発言をした子どもに相手の傷ついた心を考えさせる。教師が介入をタイムリーに自信をもって行うことで，子どものトラブルの多くは未然に防ぐことができる。

　また，シェアリング調整は，体験を分かち合うことで気づきや思いを分かち合わせるスキルである。2人，4人，全体などで「感じたこと気づいたこと」を語り合い共有する。図工の鑑賞カードに感想を書いて互いに伝え合う活動では，教師が伝え方をモデルとなり見せる。「照れずに相手の顔を見て」とルールを示したり，一人の気づきを全体に広めたりすることで，子どもたちは楽しく鑑賞活動を行うことができる。時間や人数，方法を工夫することで子どもたちは本音を語ることができ，人間関係が深まっていく。

・自己開示のスキル（指導者自己開示，自己開示促進）

　例えば，指導者自己開示は，教師が自分の感情，価値観や考え方，生い立ちなどの行動を語るスキルである。「先生はいま，とてもうれしい。それはいまの授業で一人一人がよく考えて話し合っていたからです」のように，モデルを示して話しやすい学級の雰囲気をつくる。教師が自己開示のスキルをもっていれば，授業のねらいに沿った適切な自己開示によって，子どもたちの本音の交流を促進することができる。

　いま，授業で意欲・自信を育てるには，グループアプローチの手法を授業づくりに生かすことが求められる。意欲を引き出し，心を大切にするスキルをもった教師が，本音と本音の交流や対話のある授業を進めることができるのである。

［水上和夫］

参考文献　日本教育カウンセリング学会『第5回研究発表大会発表論文集（P21〜24）』（自主シンポジウム「授業づくりに生かすカウンセリングのこれからを探る」），2007年

第3節 保護者連携

児童生徒の健全な育成には，保護者と教師の間のよりよいパートナーシップづくりが重要である。「保護者会の開催」「学級新聞（学年新聞）の発行」「親のサポートグループの形成」「ボランティア活動への参加」は，そのための有効な手段である。

●――生徒指導における保護者との連携の位置づけ

「モンスターペアレンツ」「ダメ教師」……。教師と保護者がお互いを呼び合うこれらの単語が，両者の間に越えることのできない深い溝をつくる。表面でいくら笑顔を浮かべて話していても，陰で「モンスター」と呼んでいる人との間に，真のコミュニケーションが成立するはずがない。保護者と教師の関係は，子どもを介在して協働する真のパートナーでありたい。このパートナーシップのきずなこそが，児童生徒の健全な育成にとって重要な"ゆりかご"になる。ゆりかごのバランスが悪くていつも揺れていれば，子どもは安心して成長することはできないのだ。

では，教師と保護者のよりよいパートナーシップをつくりあげるための連携はどうあるべきか。まず第一段階は，お互いを知り合うことから始まり，次に認め合うこと。そのためには，自己開示と相互理解が必要である。そして次の段階が信頼し合い，支え合う関係である。信頼をもとに協働して教育活動を行うのだ。つまり，役割分担した教育から一歩進めて，一緒に力を合わせて活動する場面を設定するわけである。

正しい相互の理解のもとに，信頼し合って子どもの教育を協働することを続けていけば，最後は自然にお互いに高め合う関係にいたる。在学期間を通じてお互いを信頼して協働作業を重ねていくと，子どもが卒業するころには，教師と保護者が成長を実感することさえできるのである。

●――親和的な相互交流のための「保護者会」

入学式の日，教師は生徒と同時にその保護者とも出会う。お互いを知り合う段階の始まりである。この出会いからすべてが始まるわけだから，よい出会いになるよう第一回の保護者会をうまく構成することである。

図1：教師集団と保護者の良好な関係

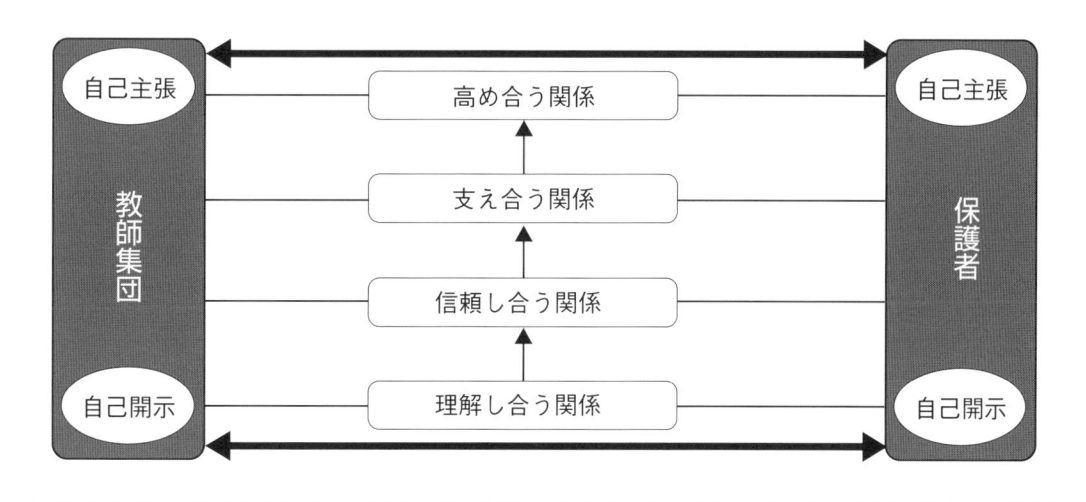

```
教師集団                                        保護者
自己主張 ←―――――― 高め合う関係 ――――――→ 自己主張
              ↑
         支え合う関係
              ↑
         信頼し合う関係
              ↑
自己開示 ←―――――― 理解し合う関係 ――――――→ 自己開示
```

「今日，みなさんの大切なお子様をお預かりすることになりました。子どもたちが無事に3年間の成長を遂げるために，私たちが力を合わせなければなりません。その第一歩として出会いの握手をしましょう」

私の学校ではこうやって保護者会が始まる。握手というスキンシップを4～5分間するだけで，出会ったばかりの硬い雰囲気が，一瞬でフワッとしたやわらかい雰囲気に変わる。

教師の自己紹介もひとひねりしたい。例えば，SGE（Structured Group Encounter：構成的グループエンカウンター）のエクササイズ「X先生を知るイエス・ノークイズ」（下記参考文献の96頁）のように，「○」「×」で答えるクイズ形式で自己紹介をする。意外性のある内容も入れながら，印象的に自己を開示する。内容の組立てのコツは，自分のアウトラインを示すような「事実」の自己開示を中心に，「感情」の自己開示や「価値観」の自己開示を入れることである。例えば，出身地や学生時代の経験などの「事実」の次に，教師になろうと思ったエピソードを忘れられない思い出として語れば，それは「感情」の自己開示になる。また，自分が携帯電話をもたない理由を語れば「価値観」の自己開示になる。教師の自己開示をモデルに，保護者同士の自己紹介も，SGEのエクササイズ「質問じゃんけん」（二人一組）や「他者紹介」（四人一組）などをやってみるとよい。子どもが別の小学校出身の親同士，または他地域から転勤直後の親，またはお母さんたちの間にポツンと参加したお父さんにとっては，とても安心できる時間になる。

二回目以降の保護者会も，学校・教師側からの一方的な情報提供や依頼だけでなく，必ず保護者同士が親和的に相互交流ができるような内容・進行を心がけるとよい。

参考文献　國分康孝監修，片野智治編『エンカウンターで学級が変わる　中学校編』図書文化社，1996年

●──お互いの信頼と一体感をつくりあげる「学級通信（学年通信）」

　せいぜい学期に一回の保護者会に対して，学級通信は教師のがんばり次第で，月一回であったり，週一回であったりして影響力は大きい。通信の生かし方のコツも，一方通行のコミュニケーションでなく，できるかぎり教師と保護者，児童生徒との相互交流になるような紙面を工夫することである。

　まずは，学級通信のタイトルの決定である。タイトルの募集を学級通信の紙上でやる方法もあるが，一回目の保護者会で議題にしてもよい。

　みんなで学級通信のタイトルを決めたら，あわせて原稿の協力を依頼する。例えば，「中学生のわが子に望むこと」「体育大会を見て」「修学旅行を前に」「授業参観して感じたこと」などのテーマを示し，書きやすいテーマで原稿執筆の担当を決めてしまう。そうやって保護者に書いてもらった文章を通信に掲載する。そこで問われていることがあったり，なるほどと思う点があれば，その文章に教師がコメントをフィードバックする。そういう保護者の真剣な思いと教師の誠意ある回答のやりとりを，多くの保護者（児童生徒）が紙面を通じて知ることは，お互いへの信頼と学級（学年）としての一体感をつくりあげていくことになる。

●──自主的な「親のサポートグループ」

　「学校に相談するようなことではないかもしれない。でも，ずっと気になっていることがある……」。そんなとき，その親が保護者のネットワークからはずれている場合には，一人で悩みを大きくするか，あるいは思いどおりにならない不安を教師への不満としてぶつけることになる。

　そういった気にかかることの多くは，実は親のだれもが通ってきた道である。気がかりなことが問題化する前に，ちょっと相談する場がないものだろうか。

　親のサポートグループは，自主的なものである。学級の枠を越え，学年単位かさらには全校単位で有志が集まってつくる。教師が加わる場合は，その役割は進行役に徹することを明確にしておいたほうがよい。5〜15人くらいのグループになり，「いま，気になっていること，困っていること」を順番に出してもらう。話題提供者に対し，参加メンバーがみんなで質問し，経験を語り，アドバイスを送る。話題提供者は，「自分（わが子）だけではなかった」という安心感が得られ，「こんなアイデアがあるならやってみよう」という気になるものだ。そして何より，多くの人に関心をもたれ支えられたという感じにより，心にエネルギーがたまる。

図2：親のサポートグループの様子

「いま気になっていること，困っていることを言ってください」

　このグループは困ったことがあるから相談するという段階から，しだいにより前向きに，生産的な話し合いの場に成長していく可能性がある。つまり，お互いを支え合ってきた保護者集団が，団結して教師や学校の教育活動を応援しようという動きへの成長である。

　また，この相互扶助のグループは，卒業生の親が参加することにより，より経験の幅やアドバイスの幅が広がり，活動の可能性も広がる。また，小学校の親とのつながりができると，これは地域の自主的な「子育てネットワーク」の機能を果たすようになる。

　さて，もう一度，教師の役割にふれるが，あくまでも集団の一員として参加し，指導したり注文したりという意識から離れることである。教師然として発言すれば，ほかの保護者が遠慮するからだ。しかしグループのイニシアチブは教師がとってよい。むしろ参加者の考えがより出やすいような雰囲気づくり，進行は教師の専門性の発揮のしどころである。教師は参加せずに信頼できる親にリーダーを任せ，その人の相談相手になる方法もある。

●──学校と保護者の連携・協働が生む「親子ボランティア活動」

　児童生徒のボランティア活動への参加が，学校教育においてもたいへん重要視されるようになった。福祉や美化，環境保護のボランティアなどに取り組もうと一歩学校を出てみると，そこかしこで地域の人や保護者の人がボランティアをしている姿に出会う。

　そこで，地域清掃のような美化ボランティアや，老人ホーム訪問などの福祉ボランティアなどを，教育課程内の取組みとしてスタートさせたとする。体験的学習はさわりだけで終わりにせず，感じ取ったことを知的理解にまとめることが必要である。そして，その後，自主的・継続的なボランティア活動につなげていくためには，すでに活動している保護者を核にしたグループと連携することである。学校は，児童生徒という人的資源，校舎・校庭という施設的資源を豊富にもっている組織である。イベントとして全校児童生徒への参加呼びかけの協力をしたり，活動場所として学校の施設を提供したりなどができる。こういった学校と保護者の連携・協働によるボランティアが，学校と保護者をともに高め合う連携であるといえよう。

［藤川　章］

コラム 問題行動と関連法規等の理解の重要性

杉元羊一　鹿児島県教育庁生徒指導監

●アリストテレスはどう思う？

「人間はポリス（社会）的動物である。孤立して生けるものは，獣か神である」。この古代ギリシャの哲学者アリストテレスの言葉には，むずかしい哲学的な解釈とは別に，人間の特性のひとつとして，社会性の高さをあげている。

社会生活の成立には，法律，道徳，宗教，習俗などといった社会規範が不可欠である。しかし，近年，わが国では，大人・子ども社会を問わず，道徳心や規範意識の低下が問題視され，緊要な教育課題を伴っている。

●共通理解・共通実践の出発点として

生徒指導体制の充実においては，これまでも「校長のリーダーシップのもと，全教職員が一致協力して……」など，共通理解・共通実践の重要性が訴えられてきた。しかし，生徒指導については，各教職員の価値観や教育観が如実に表れやすく，よく意見や考え方が対立することがある。

国立教育政策研究所生徒指導研究センターの報告書（2006年5月）によると，高校の教職員の共通理解が不十分であると思われる項目の調査では，「服装（約62％）」「茶髪・ピアス・化粧など（約54％）」から「生徒間暴力（約2％）」「飲酒・喫煙（約2％）」までの格差がみられている。

暴力や飲酒などのように問題行動の法的根拠が明らかなものは，共通理解が図りやすい。これに注目すると，懲戒処分や出席停止措置などの教育法，"ネットいじめ"と刑法，アルバイト就労と労働法など，生徒指導に関する各種の法律知識を教職員が共有することは，共通理解の枠組みづくりのひとつの重要な視点となることが期待される。また，児童生徒や保護者の規範意識を向上させ，問題行動を未然に防ぐためにも重要である。

●校種間・関係機関との連携の出発点として

「学校，家庭，地域，関係機関等との連携」も，従来からの重要なキーワードである。今日，いわゆる「小1プロブレム」「中1ギャップ」や高校中途退学問題等に対する校種間連携，問題行動・児童虐待等の深刻化に伴う警察・児童相談所等の関係機関との連携など，情報から行動までの諸連携の重要性はいっそう増している。

しかし，連携の実際の場面では，個人情報の取り扱いと守秘義務との関連などの法的解釈が求められることもある。このため，学校や教育委員会の不安やとまどいも大きく，そのことが連携への消極性につながる懸念もある。

学校等が関係機関と十分な連携を図ったり，保護者からのさまざまな要望や意見に適切に対処したりするためにも，「個人情報保護条例」「児童の権利に関する条約」などの関係法規について最小限の知識が求められる状況にある。

●鹿児島県教委としての取組み

2008年1月，鹿児島県教育委員会は，生徒指導資料「児童生徒の問題行動に関する法規等について」を作成し，学校等に送付した。おもな内容は，問題行動と刑法・県青少年保護条例，照会事項への対応，出席停止，懲戒と体罰，少年法と少年保護事件の流れなどであった。現在は，その後の関係法の改正等を受け，内容の見直しに取りかかっている。

最後に，19世紀の法学者イェリネック（独）の「法は最小限の道徳である」という言葉を考えながら，生徒指導は基本的に教育問題であり，その成果の基盤は教職員と児童生徒，学校と家庭・関係機関等との信頼関係にかかっていることを肝に銘じなければならない。

（参考文献：鹿児島県教育庁学校教育課編『児童生徒の問題行動に関する法規等について』2006年）

第8章

生徒指導上の諸問題

第8章 生徒指導上の諸問題

第1節

規律指導

規律指導の目標は，子どもの「社会的自立」であり，高等学校までに「ルールを守る態度」をはぐくむ必要がある。また，学校は規律指導の方針と基準を明文化する必要がある。実際の指導では，「してはいけないことはいけない」と粘り強く指導する。

●──問題の考え方と指導目標

昔は，親がいなくなっても自分の子どもが一人で生きていけるように，基本的な生活習慣や人としての最低限の規範意識を，義務教育終了時までに身につけさせることが，子育ての原点であるという考え方がとくに強かったようだ。高等学校がほぼ義務教育化している現在においては，この考え方の適用範囲は高等学校修了時までといえるだろう。

ところで，「人が社会で生きていく」ということは，何を意味しているのだろうか。

人が2人集まれば，そこにはルールが生まれる。100人集まれば100人の，1,000人集まれば1,000人の間でのルールが必要である。ルールは，集団の秩序を維持するために，その集団内の人々の行動などを規制するものではなく，人々がお互いを尊重し，円滑な人間関係を築き，お互いの生活をより豊かなものにするものである。人が社会で生きていくためには，「ルールを守る態度」を確実に身につける必要があり，それが規範意識をはぐくむ。学校における規律指導の目標は，どの学校段階においても，子どもの社会的自立である。

つまり，義務教育化した高等学校卒業時には，子どもが社会的に自立できるようにしたい。まだ「個々の児童の単なる集合の段階」である小学校入学当初から，「社会についての認識とともに人間としてのあり方・生き方についての自覚をより深める段階」である高等学校まで，一人の人間への指導を12年間の線としてとらえることが大切である。例えば，「時間を守る」「人の心身を傷つけない」や「法を犯す行為はしない」などは，人として守らねばならないことであり，小学校低学年段階から教えなければならないことである。

●──段階的規律指導の大切さ

近年，わが国では，米国の公教育現場で導入され成果を上げてきたといわれる「ゼロトレランス」の生徒指導方式に注目が集まっている。しかしながら，そのネーミングから児

参考文献　中央教育審議会答申『幼稚園，小学校，中学校，高等学校及び特別支援学校の学習指導要領の改善について』2008年1月17日

図1：米国のゼロトレランス

図2：日本における段階的規律指導

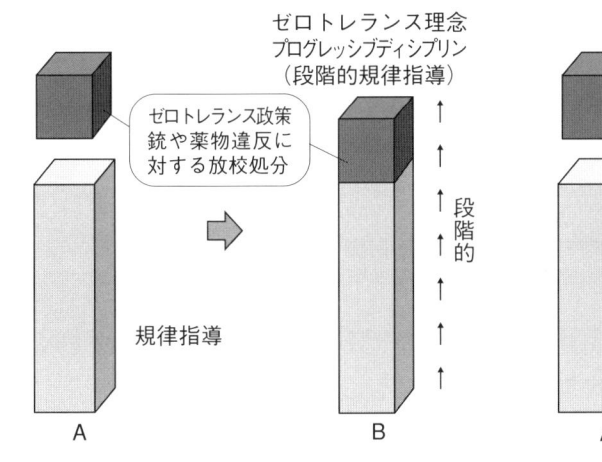

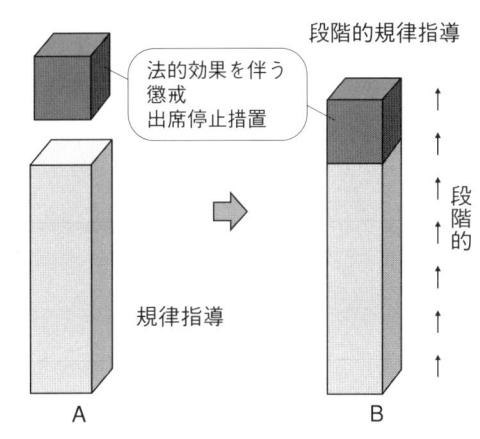

童生徒への厳罰化のみに焦点を当てた議論が多くみられる。

その原因は，米国の「銃規制法」（1994年）と，銃とともに薬物も規制対象にした「教育改革アクションプランの具体的な政策」（1997年）の違反者は1年間の放校処分という国家としてのゼロトレランス政策を，日常の小さな問題行為に対する規律指導にまで混在させた議論になっていることだ。つまり，図1の「A」のように，銃や薬物の違反者への指導を通常の規律指導と切り離して論じると，ゼロトレランスは違反者への処分のみをクローズアップしたものになる。それに対して，図1の「B」は，通常の規律指導の延長線上に放校処分もあるという段階的規律指導（プログレッシブディシプリン）を強調している。

実際，米国の公教育現場においても，教職員のゼロトレランスに対するとらえ方は，およそ図1の「A」と「B」の2つに分けられる。つまり，ゼロトレランスを国家の政策としてとらえると「A」であり，理念（考え方）としてとらえると「B」であると整理できる。

このことは，わが国における退学や停学等の法的効果を伴う懲戒（高等学校）や出席停止措置（義務教育）の考え方にもあてはめることができる（図2）。図2の「B」のように，日常の規律指導の延長線上に懲戒処分や出席停止措置があり，ある一定の基準を超えるとそれらの対象となりうるととらえることが大切である。

ゼロトレランスの考え方から参考にできるのは，「事前に明示したことを公正に運用する」と「小さなことからもあいまいにしないで段階的に指導する」の2点である。これについて，小さなことに対しても指導基準を明確にすると，教職員の指導に温度差がなくなり，その結果，組織的に統一した指導体制に結びつき，問題行動の予防にも効果的である。

参考文献　文部科学省『小学校学習指導要領解説　総則編・道徳編・総合的な学習の時間編・特別活動編』2008年
　　　　　文部科学省『中学校学習指導要領解説　総則編・道徳編・総合的な学習の時間編・特別活動編』2008年

● 指導基準の明文化

具体的な方法としては，学校段階や学校の実情に応じてガイドラインなどを作成し，文書で周知を図ることが大切である。例えば，ある高等学校では，レベル別に問題行動を細かく分類した学校独自の「責任教育ガイドライン」を作成している。

「服装・身だしなみ」関係，「授業時のマナー」および「携行品」関係，「校内でのマナー」関係，「登下校時のマナー」関係など，マナー面を強調した注意段階である「レベル1」から，「飲酒・喫煙」「不正乗車」など，法律違反行為にも匹敵した特別指導の対象となる「レベル3」，「暴力行為」「薬物乱用」など，一般社会においても絶対に許されない行為であり，法的効果を伴う懲戒の対象となる「レベル5」に分類している。とくに，「レベル3」の「飲酒・喫煙」や「不正乗車」などは法律違反であるため，善悪の境界線が明確である。「レベル1」のように，集団生活で必要な「規範」や「マナー」などは，生徒や保護者ばかりでなく，教職員間においてもその価値観が異なる。したがって，教職員間でよく協議し，生徒に対してぶれない指導が可能な基準であることが重要である。

この学校では，「何がどのくらい悪いことなのか」という具体的な基準とともに，「なぜそのような基準が必要なのか」を事前に生徒および保護者に文書で説明し，学校のホームページ上で外部にまで公表している。また，生徒指導に特化した保護者会を開催し，学校の指導方針と規律指導の基準を周知していることが特筆すべき点である。しかも，この保護者会に欠席した保護者を対象にした会も後日開催し，その会にも欠席した保護者には，担任が電話または家庭訪問で説明をしている。

このように，周知を徹底したことで，保護者や生徒からは「この学校は本気で規律指導に取り組もうとしている」という声が聞かれている。そのことが生徒の自己指導力を高め，「レベル3」以上の特別な指導の対象者が年々減少するなど，学校における問題行為の抑止効果にも結びついている。

なお，家庭でのしつけの指針を求めていた多くの保護者にとっても，このガイドラインは好評であり，学校と家庭との連携がいっそう図られる結果になっている。各教室にも，「規律」に関する標語などが掲示されており，生徒は日常的に確認することができる。

● 指導における児童生徒への介入の方法と実際

指導の方針と基準を事前に明文化したことにより，説明責任の観点からも，学校はいままで以上に，明示した基準に従って段階的に公正に指導しなければならない。

たしかに，指導基準を明確化したことで，教職員は規律指導に対してシンプルに考えや

参考文献 国立教育政策研究所生徒指導研究センター「生徒指導資料第3集『規範意識をはぐくむ生徒指導体制』―小学校・中学校・高等学校の実践事例22から学ぶ―」2008年

すくなったという声が聞かれるようになった。しかしながら，実際問題として，教職員が生徒の違反行為に対して積極的に指導ができない場合も考えられる。例えば，該当生徒の当日の精神状態を知りすぎていた場合や，該当生徒との関係が悪化している時期，該当生徒がすぐにキレる状態になる傾向があると認識している場合などは，そのときどきの状況によってさまざまなケースが考えられる。

　大切なのは，生徒の行為に対して「してはいけないことはいけない」と注意をすることで，注意すること自体に意味がある。全教職員で同じように注意レベルの声がけをすることは，きめ細かく生徒を見ることにもなり，生徒も「この学校は問題行為に対して全員で対応してくれる」「規律指導に関するシステムがある」などと，安心感が得られる。なお，注意をする際の留意点としては，「①何に対しての注意なのかを明確にする」「②後回しにしないでその場で必ず注意をする」「③頭ごなしに怒らない」などが考えられる。

　もちろん，学校内には個別に指導・支援が必要な生徒もいるため，全体指導と個別指導を分けて考える必要もある。生徒への個別の指導や，例えばこの学校で設定している「レベル3」以上の特別な指導に関しては，管理職，生徒指導担当者，養護教諭，スクールカウンセラーといった外部専門家などで構成するチームで対応することが効果的である。

　教職員も生徒も人間であり，人間の集合体である学校では，想定外のことが起きることは当然である。しかしながら，教職員も生徒も，日々「規律」を意識して，粘り強い指導を段階的に継続することが大切ではないだろうか。

　ある高等学校では，定期的に全校生徒が自分の行動を自己評価し，努力をした生徒には表彰をするなど，生徒自らが自らを律するための取組みを続けて成果を上げている。このように，教職員も定期的に自らの指導に対して自己評価をすることは，学校全体の規律指導力を高めることにもなるのではないだろうか。

　社会には，自分の思いどおりにはならないことがたくさんある。このことを踏まえて，「ルールを守る態度」を小学校低学年段階からはぐくませることが必要である旨は，この節の冒頭で述べた。近年，法教育の観点でもある，子どもたちが自分たちでルールをつくって守る活動などが，小学校段階から重視されている。しかしながら，子どもがつくれるルールと教職員がつくるルールとを峻別することは当然のことである。

　このように，子どもの社会性をはぐくむために，各種体験活動等も含めて，学校ではさまざまな取組みが行われている。これはとても効果的であり，今後も継続すべきである。しかしながら，子どもに「させる」ことばかりに偏りすぎてもいけない。教職員は毅然とした態度で，子どもに「（してはいけない行為を）やめさせる」ことも規律指導として重視すべきではないだろうか。

［藤平　敦］

第2節

いじめ

いじめの解決には，初期段階のアセスメント（見きわめ）とチーム対応が大切である。また，深刻ないじめについては，学校だけで抱え込まず，警察や教育委員会などとも連携し，毅然とした対応が求められる。

● ——問題の考え方と指導目標

　文部科学省の調査によると，2006年度のいじめの認知件数は約12万5千件が報告されたが，その内容や程度はじつにさまざまである。

　いじめの態様は，「冷やかし」「からかい」「悪口」「脅し文句」など，言葉によるものが約8万3千件で最も多いが，「ひどくぶつかられた」「叩かれた」「蹴られた」などが約6千件，「金品をたかられた」が約3千件など，法にふれるような行為も少なくない。また，不登校の調査では，「いじめ」が「不登校のきっかけと考えられる」のは小・中・高等学校で約5千人，「不登校が継続している理由」と考えられるのは約2千人だった。さらに，自殺の状況として「いじめの問題」が考えられるのは，中学校で5人，高等学校で1人という，深刻な調査結果であった。

　近年は，いじめの背景に児童虐待や発達障害など特別な支援を必要とするケースも目立つ。また，ネット上の誹謗中傷やメール等を介したいじめも増えており，専門家（スクールカウンセラー，スクールソーシャルワーカーなど）や関係機関（教育センター，児童相談所，医療機関，警察等）などとの連携も重要である。

　いじめは，けっして許されるものではないが，「どの子どもにも，どの学校においても起こり得る」ものであることを十分に認識し，油断することなく未然防止や早期発見，早期対応に努める必要がある。

　とくに，犯罪行為や不登校，さらには自殺につながるいじめなど，深刻なものについて，学校は，家庭，教育委員会，関係機関等と連携して，全力をあげて解決を図らなくてはならない。

　いじめの問題に関する基本的認識として，「児童生徒の問題行動等に関する調査研究会議（報告）」（1996年7月）は，次の5点をあげており，再確認しておきたい。

参考文献　文部科学省ホームページ「いじめ相談」のサイト（いじめの取組みリンク先掲載）
　　　　　http://www.mext.go.jp/a_menu/shotou/seitoshidou／06112015.htm

①「弱いものをいじめることは人間として絶対に許されない」との強い認識を持つこと。
②いじめられている子どもの立場に立った親身の指導を行うこと。
③いじめは家庭教育のあり方に大きなかかわりを有していること。
④いじめの問題は，教師の児童生徒観や指導のあり方が問われる問題であること。
⑤家庭，学校，地域社会など，すべての関係者がそれぞれの役割を果たし，一体となって真剣に取り組むことが必要であること。

●──予防の方法と実際

　正義が貫かれ安心して学べる学校，いじめを許さない学校づくりに努めなければならない。そのためには，学校における教育活動全体を通じて，「いじめは人間として絶対に許されない」という意識を，一人一人の児童生徒に徹底させる取組みが必要である。あわせて，いじめられる児童生徒やいじめを教員などに伝えた児童生徒を徹底して守りとおすことを，教職員が言葉と態度で示さなければならない。

　具体的には，次のような取組みが考えられるので，児童生徒の発達の段階や学級の状況等に応じて工夫していただきたい。

①道徳教育の充実

　いじめをはやし立てたり，傍観したりする行為も許されないという認識，また，いじめを大人に伝えることは正しい行為であるという認識を児童生徒にもたせるよう，道徳教育等を充実する必要がある。

　小・中学校では，道徳教育の要（かなめ）となる道徳の時間で，「それぞれの立場や意見の尊重」「生命に対する畏敬の念」「公正・公平，正義の実現」「情報モラル」などについて，意図的・計画的に指導することが大切である。

②よりよい人間関係づくり

　学級活動（ホームルーム活動）などで，よりよい人間関係を築くための社会的スキルを身につける活動を効果的に取り入れるなどの工夫も考えられる。

　「いじめ問題に関する取組事例集」（文部科学省・国立教育政策研究所生徒指導研究センター，2007年2月）は，多くの学校で実施されている社会性をはぐくむプログラムについて，「児童生徒の社会性の構築に向けて」（pp.47-48）で，構成的グループ・エンカウンター，ソーシャルスキル・トレーニング，グループワーク・トレーニング，CAPプログラム，アサーション・トレーニング，ピア・サポート，ピース・メソッド，セカンドステップなどの概略を紹介している。

参考文献　文部科学省・国立教育政策研究所生徒指導研究センター『いじめ問題に関する取組事例集』
2007年2月
http://www.nier.go.jp/shido/centerhp/ijime-07/ijime-0702top.htm

③教育相談体制の充実と早期発見の工夫

　いじめは教師や大人が気づきにくいことが多く，とくにネット上の誹謗中傷やメール等によるいじめなどは，教師の目が届かないところで起こる。

　教師は，いじめについての指導方針を明確に示し，児童生徒や保護者が安心して悩みを相談できる関係づくりに努めることが大切である。また，悩み事アンケートや教育相談期間を年間指導計画に組み込んだり，生活日記を記入させたりするなど，児童生徒が悩みを伝えられる機会を意図的につくることが，いじめの早期発見にとって有効である。

●──介入の方法と実際

　いじめを認知した場合の指導の流れの例を139ページに示し，「初期対応」「指導の展開」「事後指導」の，それぞれの段階について留意点を述べる。

①初期対応

　いじめにおいても，ほかの問題行動と同様に，初期対応がきわめて重要である。けっして一人で問題を抱え込んではならない。事実確認の段階から，チームによる組織的な対応が求められる。

　児童生徒同士の言い分や認識が食い違うことも珍しくないが，すぐに事実がはっきりしない場合でも，保護者と連携していじめを訴える児童生徒の心のケアに努めることが大切である。また，加害児童生徒の指導については，背景に児童虐待や発達障害などの特別な支援を必要とするケースがあることにも注意すべきである。日ごろから校内の指導体制を整えておき，迅速なアセスメント（見きわめ）により，的確に指導計画を立案し，役割分担をすることが大切である。

②指導の展開

　教職員が協力して，いじめの指導にあたることは大切だが，学校のみでいじめを解決することに固執してはならない。いじめを把握した場合には，速やかに保護者および教育委員会と連携し，協力して解決にあたることが求められる。

　暴力行為，金品の強要など，法にふれる行為については，警察との連携もためらうべきではない。また，公立の小・中学校の児童生徒がいじめを繰り返し，ほかの児童生徒に傷害や心身の苦痛などを与える場合には，学校教育法等に基づき，市町村教育委員会が保護者に対して，児童生徒の出席停止を命ずることができる。

　近年問題となっているネット上のいじめについては，深刻な実態を保護者に知らせ，家庭教育へ働きかけることが重要である。また，誹謗中傷の書き込みの削除方法等について，警察のサイバー犯罪対策部門と連携しておくことも必要である。

図：いじめ指導の流れ（例）

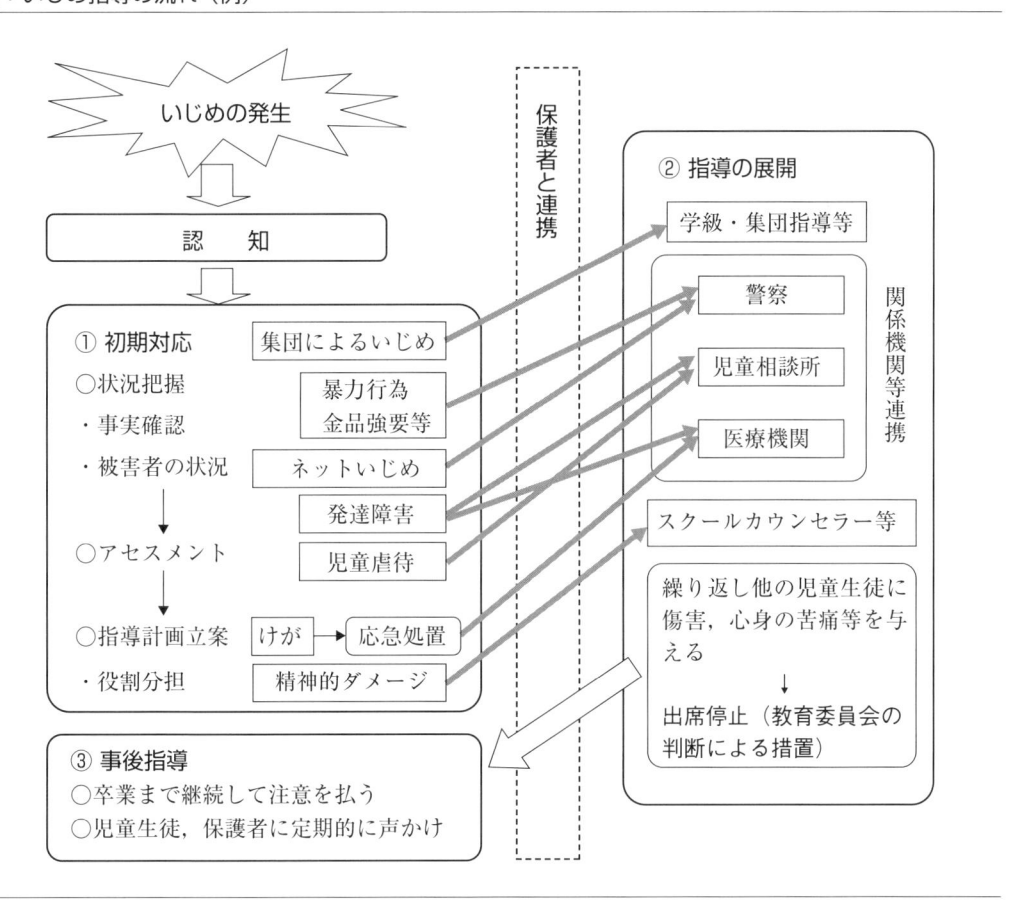

　学校が関係機関等と連携して毅然とした対応や措置を行うことについては，日ごろから児童生徒や保護者に知らせ，十分な共通理解を図っておくことが大切である。

③事後指導

　いじめが解決したと見られる場合でも，教職員が気づかないところで陰湿ないじめが続いていた事例も少なくない。いじめを受けた児童生徒が卒業するまで，継続して十分な注意を払うとともに，当該児童生徒および保護者に定期的に様子を尋ねるなどの配慮が求められる。

［三好仁司］

第 3 節

不登校

不登校は，背景にあるその要因により，「心理的な対応の必要なタイプ（本人要因）」「教育的な対応の必要なタイプ（学校要因）」「福祉的な対応の必要なタイプ（家庭要因）」に分けられる。その見立てによって，対応が導き出される。

●──問題の考え方と指導目標

　不登校問題は30年来の課題であり，教育支援センター（適応指導教室）の設置，スクールカウンセラーの配置，教職員への教育相談等の研修の推進など，多方面の努力にもかかわらず，大きな減少はみられない。平成14年度にようやく伸び止まったかにみえたが，ここ1～2年は再び微増傾向を示している。その原因としては，不登校の全体像が理解されず，部分的な対応で対処してきたことが考えられる。

　筆者は，20年近くの相談業務や調査研究を通して，不登校の全体像をとらえようとしてきた。その結果，不登校は下記のように，大きく3つのタイプに分けられるとの結論を得た（次ページの図を参照）。

　それぞれは，重なる部分もありながらかなり異なる要因をもつ。したがって，対応も異なってくる。このことを理解せず，不登校を心の問題と狭くとらえ，その対応のみを講じてきた結果，全体として不登校を減少させることができなかったと考えられる。

①**心理的な対応の必要なタイプ（本人要因）**

　本人が極度の過敏さや不安をもち集団生活になじめない場合である。本人に内在する要因で不適応になるタイプであり，発達障害（LDやADHDなど）も含んで考えられる。対応は心のケア（カウンセリング）が有効であり，発達障害の場合は専門的なトレーニングも必要である。

②**教育的な対応の必要なタイプ（学校要因）**

　学校生活の中に不登校のきっかけがあるもので，おもに学習と対人関係における挫折が不適応を起こし不登校になるものである。対応は学習の手当てや友達関係の調整であり，学校で取り組まなければならない問題である。

③**福祉的な対応の必要なタイプ（家庭要因）**

参考文献　小澤美代子『上手な登校刺激の与え方』ほんの森出版，2003年
　　　　　小澤美代子編著『続　上手な登校刺激の与え方』ほんの森出版，2006年

図：不登校の全体像

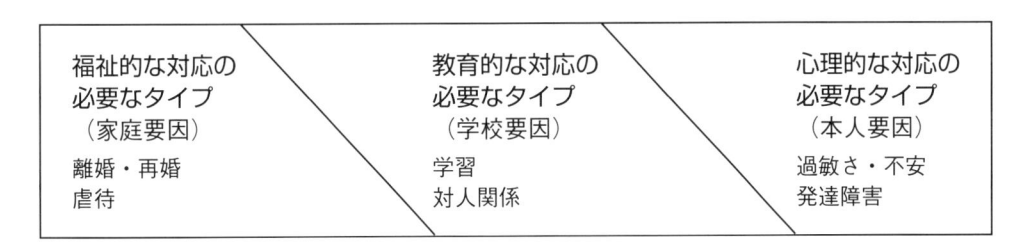

福祉的な対応の 必要なタイプ （家庭要因）	教育的な対応の 必要なタイプ （学校要因）	心理的な対応の 必要なタイプ （本人要因）
離婚・再婚 虐待	学習 対人関係	過敏さ・不安 発達障害

出典：小澤美代子『上手な登校刺激の与え方』ほんの森出版，2003年，118頁

　家庭のなかに要因があるもので，現代的課題としては離婚・再婚と虐待がある。親や家庭の問題であり，子どもだけで対処できないので，学校が仲介して福祉の窓口や児童相談所につながなければ改善がむずかしいものである。

　まず，その背景に前述の３つのどの要因があるのかを見立てることが必要である。その際には，表（143頁）のチェックリストなどが有効である。そして，見立てにそって適切な対応を探る。その際，適切な登校刺激が必要である。

●──予防の方法と実際

　不登校は，いったんなってしまうと，そこから抜け出すことは非常にむずかしい。そこで費やされるエネルギーと時間は多大なものである。また，当事者の苦悩は計り知れないものがある。不登校にも意味があるといわれることもあるが，それは解決したときに振り返って意味づけるのであって，不登校になったほうがよいとはどう考えても思えない。したがって，不登校にはならないほうがよい。できるだけ早期に発見して，手当てをするべきである。

　まずは，普段からの観察が大切である。元気がない，表情が暗い，ポツンとしているなどに気づいたら，まず声をかけることである。「どう？　元気？」「調子はどう？」「部活はうまくいってる？」「お母さん，元気？」……などなど，ちょっと気にしていることを伝えるのである。この時点では，日ごろから良好な関係ができていない限り，「実は……」という反応は，あまり期待できない。しかし，このひと声は，さらに不適応になったときに相談に来るきっかけになる。

　このように気にかけていても，実際に遅刻や欠席が始まる場合がある。そのときは，一歩進んで「最近元気ないけど，何かあったの？」「今度の試験ふるわなかったようだけど，どうしたのかな？」など問いかけてみるとよい。本人もつらくなってきているので，「実は……」ということになるかもしれない。ここで問題をキャッチし解決できれば，単なる

参考文献　小林正幸・小野昌彦『教師のための不登校サポートマニュアル』明治図書，2005年

遅刻・欠席で終わり，不登校の未然防止ができる。ここまでの対応が，予防には最も大事である。

不登校は，必ずしも本人の要因だけではない。学校生活のなかでは，学級集団の健康さも重要である。いじめや非行が野放しになっている状態では，学校に来たくない気持ちが増大する。学級が楽しい，楽しいまでいかなくても，少なくとも安心していられる場所であることは必要である。学級の人間関係に目を配っておくことは，不登校の予防としても重要なことである。

また，個々の子どもの家庭生活はどうなのかにも，気を配る必要がある。適切な養育や保護をされていない場合，つまり朝起こしてもらえない，朝食もない，着替えもないといった状態では，学校に来たくない，または来られないことになりかねない。家庭の問題だからといって看過せず，福祉の窓口や民生委員，児童相談所と連携して，子どもの登校が保障されるよう働きかけることも予防・改善のために必要なことである。

●──介入の方法と実際

日ごろの予防的配慮にもかかわらず，不登校になる場合がある。欠席が増え不登校状態になった場合は，要因の見立てが必要である。前述の3つのタイプのどれにあてはまるのか見立てるところから始まる。とくに数年にわたる不登校で，新しく担任になった場合など子どもの状態を知らなければかかわることができない。

①不登校の段階：どのタイプであってもいったん不登校になるとほぼ同じような段階を通って回復していく。

・初期　休みはじめの時期で，登校できないことで不安定になっているので，心身の安定を図ることが重要である。並行して要因・きっかけを探る。
・中期　初期の不安定期を過ぎて安定するが変化の少ない時期になる。心のエネルギーをためさせることが目標で，好きなこと・楽しいことを通して元気が回復する。
・後期　エネルギーがたまると将来への目的につながる活動（学習・アルバイトなど）ができるようになる。活動が成功するように，できる範囲で援助することが有効である。

②登校刺激の与え方：不登校の初期の不安定な時期は，あまり強硬な登校刺激は好ましくないが，安定してきたら時期に応じて何らかの働きかけは必要である。

その際のポイントは，
・できるだけ小さな話題から出す。
・拒否的な反応があったらすぐその話題は引っ込める。
・結果については，数日中に保護者に確かめ，よい反応であれば進める。暴れるなどの拒

参考文献　文部科学省『今後の不登校への対応のあり方について（報告）』2003年

表：タイプ分けチェックリスト

あてはまる・○　ややあてはまる・△　あてはまらない・×

名前（　　　　　　　　　　　　　）　　　　　　　　　　　　　　　小・中・高（　　　年）男・女

A　心理的要因をもつ急性型		B　心理的要因をもつ慢性型	
①感受性鋭く，深く悩む		①敏感すぎる（音・光・言葉・雰囲気）	
②まじめ，几帳面である		②おとなしく，目立たない	
③こだわりをもつ		③なにごとに対しても不安緊張が高い	
④友達はいる		④友達をつくるのが苦手	
⑤成績は悪くない		⑤学習の基礎でつまずく	
⑥思春期の不安・葛藤が強い		⑥心身ともに丈夫でない	
⑦神経症的な状態を示す		⑦頭痛，腹痛などを訴える	
⑧親に養育・保護能力はある		⑧親自身に不安や不全感がある	
⑨発達に問題は感じられない		⑨発達上の問題が感じられる（心理治療を要するレベル）	
C　教育的要因をもつ急性型		D　教育的要因をもつ慢性型	
①性格は明るく活発なほうである		①内気で自己主張が上手でない	
②勉強や運動を頑張っていた		②勉強が少しずつ遅れてきた	
③友達をつくる力がある		③友達関係が維持できない	
④家庭環境は健全である		④家庭が過保護・過干渉である	
⑤友達とのトラブルがある（いじめ等）		⑤学級崩壊を経験している	
⑥教師の強すぎる叱責，厳しすぎる指導		⑥教師の指導力不足（本人に・学級に）	
⑦学習の挫折（伸び悩み・急落・失敗）		⑦進級・入学等で環境の変化がある	
⑧発達上の問題はない		⑧発達に弱さがある（教育的支援で改善可能）	
E　福祉的要因をもつ急性型		F　福祉的要因をもつ慢性型	
①家庭生活の急激な変化があった（親の不仲・病気・死・離婚・再婚・リストラ）		①家庭崩壊がある	
②最近顔色が悪く，表情が暗くなった		②不安や不信の表情がある	
③最近投げやりな態度が目立った		③反抗や不服従がみられる	
④学習意欲が減退し，成績が急落した		④経済的に困窮している	
⑤短期間に適応力が低下した		⑤親が長期的病気である	
⑥親に保護をする精神的余裕がない		⑥親の保護能力（衣食住）が低い	
⑦最近服装の汚れや，忘れ物が目立った		⑦虐待が疑われる	
⑧発達上の問題はない		⑧発達上の問題がある（能力があっても育っていない）	

出典：小澤美代子編著『続　上手な登校刺激の与え方』ほんの森出版，2006年，28-30頁

否的反応があれば少し間隔を開けてから，またかかわる。

③**復帰の適期**：不登校から動き出すには一般的にいくつかの時期がある。学校の変わり目（卒業・入学），学年の変わり目，学期の変わり目，行事や試験である。何か区切りになるようなときは，本人も動きやすい。その時期を逃さず，事前の準備をして，きっかけを最大限に生かし，不登校から復帰させたいものである。　　　　　［小澤美代子］

第 4 節

暴力行為

暴力行為は、未然防止と適切な対応が重要である。未然防止では、暴力行為を思いとどまらせる心を育成すること、対応では、事実確認のなかで、反省を促し行為責任をとらせることが重要である。

●──問題の考え方と指導目標

暴力行為は、「対教師暴力」「生徒間暴力」「対人暴力」「器物損壊」の四形態に分類できる[注]。とくに対教師暴力などに代表されるように、自分の心の葛藤を他者へ向け、危害を加えるという攻撃行動であることから、指導が困難な問題行動の一つである。暴力行為の指導のポイントは、未然防止（積極的な生徒指導）と対応（消極的な生徒指導）である。

暴力行為に対する指導のポイント
- 暴力行為を未然に防止する生徒指導（積極的な生徒指導）
「相手の心を察する力」「我慢をする耐性」など心のブレーキを育てる生徒指導を行う。
- 暴力行為に直接対応する生徒指導（消極的な生徒指導）
「適切な事実確認」「認知の修正」「行為責任」などを通して、「何がいけなかったのか」「だれに迷惑をかけたのか」を教える、気づかせる生徒指導を行う。

暴力行為は学校の荒れと関係性が深く、とくに対教師暴力が多発すると、指導基準が徹底できないことから、組織的な生徒指導の展開が困難な状況が生まれる。さらに、授業規律の確保がむずかしい状況となり、学校力そのものを低下させる事態となるケースが多い。

暴力行為は、いきなり対教師暴力には及ばないケースが多く、段階的な流れがある。まずはじめに、生徒間での暴力が発生する。その時点で、適切な指導を組織的に展開しなければ、校内での器物損壊（対教師器物損壊を含む）、対教師暴力へと発展することが多い。

学校が荒れる前兆として生徒間暴力が多発し、その後、教師の指導を無視したり暴言を言うなどといった心理的・言語的な攻撃など、いわゆる対教師指導無視・暴言が発生する。暴力行為を未然に防止し、安心できる学校づくりを進めるためには、教師への暴言などを対教師指導無視・暴言の段階で、徹底的に見逃すことなく勇気をもって指導することが、暴力行為の未然防止の最後のポイントである（図1参照）。

注：文部科学省『生徒指導上の諸問題の現状と文部科学省の施策について』2008年3月

第4節●暴力行為

図1：一般的な「暴力行為の流れ」と未然防止のポイント

未然防止最後のポイント

生徒間暴力・対人暴力 → 対教師指導無視・暴言 → 器物損壊（対教師） → 対教師暴力

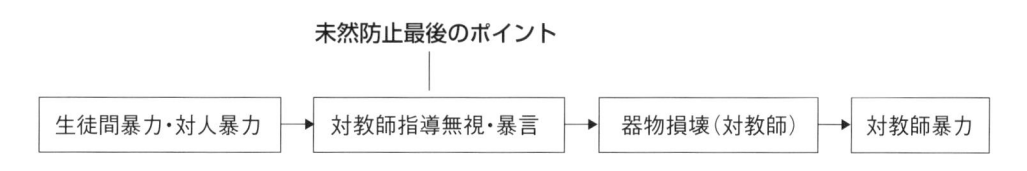

図2：バーコビッツの不快情動説

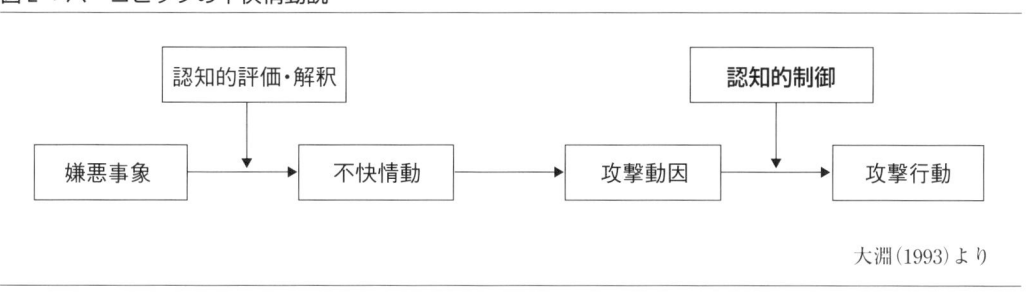

嫌悪事象 → 不快情動（認知的評価・解釈） → 攻撃動因 → 攻撃行動（認知的制御）

大淵（1993）より

●──予防の方法と実際

問題行動を思いとどまらせるものは，本気さを伴った指導と心のブレーキである。

①心のブレーキとその育成

バーコビッツによれば，自分の思いどおりにならないなどの嫌悪事象を体験し，それを不快な体験であると認知した場合，不快な感情が発生する。その感情が強くなると，攻撃しようとする気持ちが湧き，攻撃行動が発生する。しかし，攻撃動因から攻撃行動へすぐに移行するのではなく，認知的な処理が加わって行動化するかどうかを決める。この認知的制御では，感情をそのまま行動化するのではなく，一度心で判断をしたり，感情をコントロールするなど自己を統制する働きをもっている。つまり，攻撃行動を暴力行為ととらえるならば，この認知的制御が有効に作用することつまり，暴力行為を思いとどまらせる心を育てることが重要である（図2参照）。

認知的制御を有効に働かせることにより暴力行為を思いとどまらせる心の一つが，「自分自身の欲求を満たすために暴力行為を行うことによって，悲しむ大切な他者がいることを認識させること」である。非行を思いとどまった生徒や非行を一度は行ったが二度と繰り返さずにがんばっている生徒に面接を行うと，その多くが，「暴力行為を行うことによって悲しむ人がいるから二度と行わない」と答える。

暴力行為を思いとどまらせるには，悲しむ人がいるということを認知的制御として機能させることが重要であり，このことが暴力行為を未然に防止する「心のブレーキ」になる。

参考文献　大淵憲一『人を傷つける心─攻撃性の社会心理学─』サイエンス社，1993年

よって，暴力行為は，「だれに迷惑をかけるのか」「悲しむ人はだれなのか」をあらゆる機会を通じて，教師が自らの生き方を通して語り，気づかせることが重要である。

②心の掟

さらに，暴力行為を思いとどまり，立ち直っていく児童生徒に共通していることがある。それは心に自分なりの小さな「掟」をもっていることである。暴走行為を頻繁に繰り返していた生徒であっても，「俺は，いじめだけは絶対にしない」「母親だけは，絶対に悲しませたくない」という自分なりの「心の掟」をもっている。その掟が，認知的制御の段階で，「心のブレーキ」として働くのである。そのような児童生徒は，教職員の言葉に心を動かし，教職員の真意を心に入れることができる。すなわち，暴力行為が発生する前に，心の掟を明確化させたりもたせたりすることで，暴力行為を未然に防止することができる。

しかし，実際は，自分のなかにある掟に気づいていなかったり，はっきりともっていなかったりする場合が多い。暴力行為を未然に防止するためには，自らの「心の掟」に気づかせたり新たにもたせたりしながら，その掟が，他者との関係つまり他者に対する思いやりにつながっていることを認識させることが大切である。その思いやりや悲しませたくないといった気持ちが，暴力行為を未然に防止する決め手となる。

児童生徒が自発的に自らの心を見つめ本来もっている心の掟に気づかせたり，新たに構築させたりするためには，教師が，自らの「心の掟」を自己開示することが重要である。

このことを私は，暴力行為（いじめ）予防エクササイズとして研究している。

まず，児童生徒と1対1もしくは集団を対象に，教師が自らの「心の掟」について自己開示をする。そのことにより児童生徒が自らの心を見つめ，自分なりの心の掟を発見する。そして，その発見した内容に対してシェアリングするのである。このとき教師は経験に基づいた真実の「心の掟」を自己開示することが大切である。私は，次のように自己開示している。

「私の母は，いつも人を思いやる母である。私は，十数年前，母が修学旅行に行ったときの話を祖母から聞いた。母は事情があり，お小遣いをもっていなかった。そのため，入場料を払うことができず，全員で見学する施設に一人だけ入れなかったそうである。そのときみんなに心配をかけたくない母は，一番最後まで入口にたたずみ，みんなが入ったのを見て，外を回り出口に行き，みんなより早く出てきたように装ったそうである。私は，このように，いつも相手に心配をかけないようにしている母を悲しませたくない。そのころから私は，自分が我慢して周りに迷惑をかけず生きている人が，悲しい思いをしているのをそのままにはできないと思うようになっていた。だから，教師になってからは，暴力行為やいじめによって悲しい思いをしている児童生徒をそのままにはできない。『暴力行為やいじめは許さない』これが俺の心の掟だ」。

参考文献 朝倉一隆「心の掟」飯野哲朗編著，國分康孝・國分久子監『思いやりを育てる内観エクササイズ』122-125頁，図書文化社，2005年

図3：暴力行為への具体的な対応例

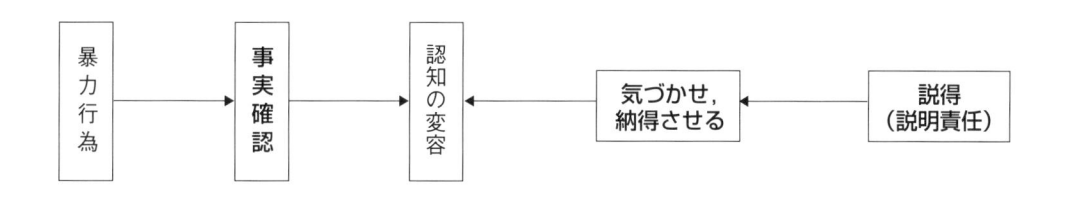

暴力行為 → 事実確認 → 認知の変容 ← 気づかせ，納得させる ← 説得（説明責任）

● 介入の方法と実際

　暴力行為への対応は，正確な事実確認を行い，行為責任を確実に果たさせ，再発防止に全力を注ぐことである。適切な初期対応と正確な事実確認が重要となる（図3）。

　暴力行為の事実確認は，「いつ」「だれと」「どこで」「何を」というように，5W1Hで正確に事実を聞きとり，自書させる。ポイントは，第三者から見て矛盾がないことである。この事実確認は，ただ単に事実のみを聞くのではなく，反省を求めることが重要である。生徒指導は，事実を確認するなかで，何が間違った行為なのか，だれに迷惑をかけたのか，つらい思いをしている人がいるなどを気づかせることが事実確認である。

　気づかせるということは，心の葛藤を他者の責任にするという自分の心の外に向いた認知を自分自身の心に向けること，つまり，内省させる，認知の修正を促すのである。気づかせるためには，教師が，自らの生き方や考え方を示し，暴力行為が，「なぜいけないのか」「だれに迷惑をかけたのか」などを自分の言葉で，伝えることである。これが，説得であり，教師の本気さと人間性を見て納得するのである。その人間性とは，日々の言動が人間的に信頼できるかどうかである。教師の自己開示を聞いて，自らの生き方に重ね合わせ，ならば自分はこのように生きてみようと，考えていく。これが，指導である。

　生徒指導は，児童生徒の正しい人としての道や生き方を教師の生き方を通して教え，気づかせ，考えさせる指導である。問題行動への指導は，まさに生き方あり方を考えさせる指導である。

　さらに，気づかせた後は，自らの行為責任をどうとるのか。いまの自分のできる範囲のなかで，相手，学校，保護者に対し，どのような行為責任がとれるのかを自己決定させる。具体的には，被害者への支援（心からの謝罪など）を自己決定させること，さらには，クラスの仲間など集団に迷惑をかけたことを自覚させ，クラスのためになることを教師とともに取り組ませることが有効である。

［朝倉一隆］

第8章●生徒指導上の諸問題

第5節

性非行

性非行は，子どもの性に対する意識・モラルの低下と，子どもを取り巻く環境・要因が大きく影響している。日ごろから保護者・地域・学校が連携を図り，予防と再発防止に向けて，子ども自身が自己抑制する力を粘り強く育てていく。

●――性非行の現実と子どもたちの性意識

性非行は女子だけの問題ではない。男子でも「強姦」「強制わいせつ」「下着を盗む」「覗き」「露出」など，法律的な領域の犯罪が年々増加し，低年齢化している。

ある報告によれば，女子中学生のテレクラおよびツーショットダイヤルの利用経験者の割合は，4人に1人以上にのぼる。

以前，援助交際で補導された女子中学生が，筆者に声を弾ませながら語った。「あるおじさんが，私に『手をつないで街を歩いてほしい』『映画を一緒に見たらお小遣いをあげる』と言った」「その次は，欲しい物を買ってもらった」「次に会ったときは……」と。さらに，「未成年者を誘った大人は，私たち以上に法的な責任がかかるんでしょう。違法とわかっていて誘う大人のほうが罪が重いよね」と，何の罪悪感もない。

遊ぶお金が欲しくて自分の身体を商品として取引きするという，子どもたちの倫理意識・性意識の変容もある。加えて，性をめぐる社会の善悪の境界線が見えにくくなったのか，位置が移ったのか，だれも見なくなったのかと考えざるを得ない実態があまりにも多い。

●――指導の困難さを映し出す環境・要因とは

筆者がかかわった反社会的問題行動で補導・検挙された事案では，性非行・性犯罪を起こした子どもには，「自己否定・疎外感・自尊心の低さ」などの共通した傾向が見られる。これらの傾向には，子どもたちがおかれている環境・要因・状況や，意識などが複雑にからみ合っており，性非行の指導・援助においてしっかりと理解する必要がある。

そこで，性非行・性犯罪を起こした子どもを取り巻く環境・要因についての視点を示す。

①家庭環境と学校不適応

「子どもの欲求をすべて満たすことが親の愛情であり，家庭では自主性や自由を尊重す

る」という考えのもとで育っている子どもは，我慢することが苦手で，他人の意見を聞くことを嫌う傾向がある。学校生活では，学力にかかわらず，集団のなかで行動することがむずかしい。人とのつながりを得ることができず，学校が面白くないと感じた子どもは，メールやインターネットサイトなどで出会いの場をつくり，自分の居場所を求めて街に出て，そこで知り合った者に安心感と連帯意識を高めていく。

②性意識・認識の変化

退屈な時間や満たされない欲求や不安を充足させるために，性を媒介にするなどして，その場の快楽を得る風潮が社会全体にある。子どもたちには，仲間に誘われると「みんながやっているのだから……」と考える傾向や，自尊心の低さが見受けられる。また，「楽しいから」「優しいから」というだけで，性に対する短絡的な認識をもつ傾向がある。

③性的成熟と性意識の高まり

性の問題は，思春期・青年期に集中して起きる。この時期は，第二次性徴における急激な身体の変化に自我（心）の発達が追いつかず，一時的な精神的混乱に陥りやすい。また，この時期は親への依存から心理的に抜け出していく段階でもある。

しかし，性非行を繰り返す子どものなかには，親から見捨てられ，不安やさびしさを我慢できず，不安・抑うつ・恐怖感・怒り・罪悪感・空虚感といった感情を回避する手段として刺激を求める者が見られる。自分の身体を手段にして刺激を得ることでしか，さびしさを埋められない子どもたちの心には，深刻な生育過程の問題が隠れていることが多い。

● ── 学校における予防的取組み

子どもたちが性非行や性犯罪に巻き込まれる危険度は高い。現実には，性に関する責任がとれないにもかかわらず，「なぜ未成年だけ不純異性行為といわれるのか」「未成年だからといって，強制・干渉をされたくない」などの意識が強く，制限を加えていくことはむずかしい。そこで，学校では予防的な指導として，情報に対する正しい価値判断力をつけさせていくことが必要である。

①ほんとうの怖さ・危険性を教える

興味本位，軽い気持ちで行った行動が，大きな犯罪や不幸な結果を招くケースがある。短絡的な意識や行動を変えていくには，報道された事件や性に関する社会問題などを取りあげ，これらを自分の問題として考え，気づかせていく学習活動を行う。

ここで中学校における授業の例を紹介する。「性非行は何が問題なのか，どんな危険があるのか」との発問に，生徒たちは，「深夜徘徊」「現金と身体との取引き」「恐喝」「性交」「監禁」「怠学」「シンナー」「喫煙」などをあげた。生徒たちは，身の回りで起こる事

参考文献　松原達哉『非行―暴力・性の問題・薬物乱用に対応するカウンセリング』学事出版，2000年
　　　　　藤岡淳子『犯罪・非行の心理学』有斐閣ブックス，2007年

件が，自分自身にもかかわりがあることを感じている様子だった。その反面，「すぐに自分の意思でやめられる」と答えた生徒も多く，事件や事故に巻き込まれる実感は希薄であることを示した。

②保護者・地域と連携する

　性非行からの立ち直りには，家族の愛情と監護能力が大切である。そこで，性非行の予防・未然防止のためには，学校が保護者に対して些細なことでも気になる情報を提供したり，全保護者を対象に啓発活動を行うことはきわめて重要である。また，性非行の芽を摘み取るには，保護者や地域から情報を早期に得ることも必要である。

　いっぽう，性非行を繰り返す子どもの場合は，児童相談所等の専門機関に相談することが予測されるので，日ごろから連携を図っておく。

③体験的な「生と性の教育」を実践する

　「自分はかけがえのない，最高の価値のある人間」であることと，「生きる」ことの意味を子どもがしっかりと自分の心に問うような，人間としてのあり方の教育を行う。また，男女がともに相手の立場を尊重しながら生きることを考えさせる「生と性の教育」を行う。

　「自分なんか，どうなってもいい」といった投げやりな言動は，家族や友人から自分が認められた経験が少ないことを象徴している。そのような子どもには，家族のぬくもり，他者からの癒しなどの獲得に結びつく具体的なスキルや，構成的グループエンカウンターの体験を通して，自己肯定感を育てていく。これらの体験を通して，「自分の身体は自分で守る」という気概と，軽率に他人にゆだねてはいけないことを理解させていく。

●──性非行を起こす子どもたちへの指導・介入

　性非行（犯罪）を指導する場面では，事件の重大さにかかわらず，子どもたちの軽易な発言・嘲笑・はぐらかしといった，その場の状況を壊してしまう言動が多く見られる。これは，周囲の大人や教師に対しての反感や防衛反応が働き，素直な自分を出せず，自分を誇大表現している状態である。そこで，指導・介入のポイントを2つあげる。

①子どものおかれている社会・生育過程・心理をわかろうとする姿勢

　性非行に対する指導の第一歩は，さきに述べたように，その子どもがどのような環境で育てられ，その発達段階のプロセスをどんな気持ちで過ごしてきたかをわかろうとすることである。その姿勢が，問題解決の糸口につながっていく。家族や学級，周囲の人々との関係づくりに関する体験の量と認知の質が根底になって，問題行動に至ったと考えられるので，そのなかから性非行につながる要因を洗い出していくことが大事である。

　私が担任していた女子生徒を，警察に引き取りに行ったときのことである。帰り道で，

参考文献　　www.akita-c.ed.jp/~ctok/kiyou/7-4pdf
　　　　　　「具体事例（中学生女子生徒による性の逸脱行為・性非行）」『関係機関との行動連携の進め方』

図：性非行を繰り返す子どもへの対応の概念図

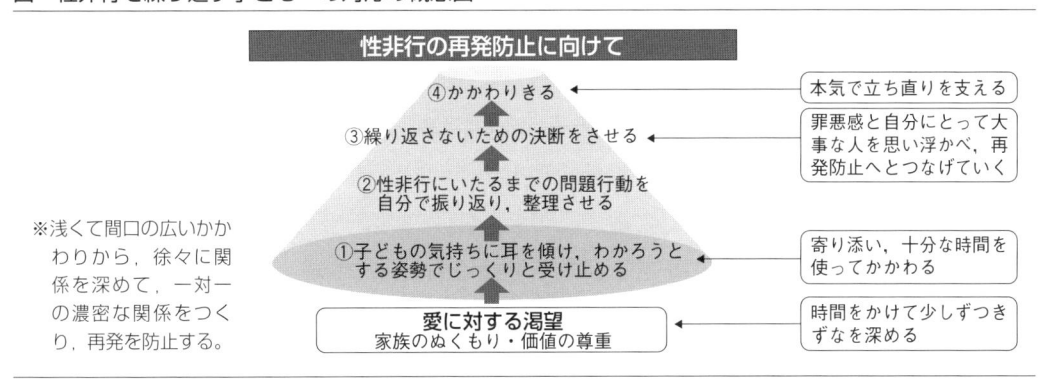

性非行の再発防止に向けて

④かかわりきる ← 本気で立ち直りを支える
③繰り返さないための決断をさせる ← 罪悪感と自分にとって大事な人を思い浮かべ、再発防止へとつなげていく
②性非行にいたるまでの問題行動を自分で振り返り、整理させる
①子どもの気持ちに耳を傾け、わかろうとする姿勢でじっくりと受け止める ← 寄り添い、十分な時間を使ってかかわる
愛に対する渇望　家族のぬくもり・価値の尊重 ← 時間をかけて少しずつきずなを深める

※浅くて間口の広いかかわりから、徐々に関係を深めて、一対一の濃密な関係をつくり、再発を防止する。

　当時レディース（暴走族）に属していた彼女が少しずつ語り始めた。「幼少のころから父親にたいへん厳しく育てられた。多くの塾にも通い、徹底した拘束時間のなかで小学校時代を過ごし、優等生を演じてきた」と。「中学生になったある日のこと、父親の言動に耐え切れず家を飛び出し、やがて援助交際を繰り返すようになった」。そして、涙ながらに「先生、私は父親に心配してほしかった。ずっと愛されていたかった……」とつぶやいた。

②自分の力で見直す契機をつくり、自己抑制できる力をつける

　大人や教師は、性の逸脱行為を起こした子どもを前にすると、事象の抵抗感、信用失墜の感情から、叱責・嘆きを繰り返し、子どもの人格自体も否定するような発言をしてしまいがちである。指導・介入の2つ目のポイントとして、このような性非行に至った自分を、子ども自身がしっかりと考える機会をつくることに力を注いでいくことが大切である。再発を防ぐには、自他に対する責任を負えるように導いていくことが鍵となる。

　まず、性非行に至るまでのすべての行動を自分で整理し、引き受けさせていく。それには、「無断外泊が続いたときの生活は？」「金銭強要の状況は？」と問題となる行動を時系列にそって一つ一つ整理し、行動を振り返らせる。自分でしたことを自分で語ることで、責任を自覚させる。これに教師や大人が寄り添い、時間を十分に使ってかかわっていく。

　次に、これらの振り返りを通して、性非行を自ら防止するために考えを修正して正しい行動をとるために、自分の心に自己抑制のための「指針」を考えさせ、自己決定させる。それには、「性行為に対して不安や恐怖感は？」と行動そのものに対する罪悪感に気づかせると同時に、「『この人には心配をかけたくない』『迷惑をかけたくない』という人がいるかな？」と、自分のことを大切に思ってくれている人・愛してくれる人・悲しませたくない人がいることに気づかせていく。いずれも、教師や大人が本気でかかわるには、子どものつらさを共有し、立ち直りを支えきる覚悟が問われる。　　　　　　　［齋藤美由紀］

参考文献　www.nipec.nein.ed.jp/sc/seitoshidou/itudatu.pdf
　　　　　広島県教育委員会『携帯電話・インターネットのトラブル対応マニュアル』～サイバー犯罪被害防止，2008年7月

第8章 生徒指導上の諸問題

第6節

虐　待

児童虐待（child abuse）とは，児童の保護者（親権を行う者，児童を現に監護する者）や同居人が，その監護する児童（18歳に満たない者）に対して，人権を侵害し，発達を阻害するような行為を行うことである。

● ——問題の考え方と指導目標

①児童虐待・虐待環境とは何か

　虐待（abuse）とは，「ab（間違った）」と「use（取扱い）」の英語が示すとおり，子どもに対する不適切なかかわりのことである。

　虐待は突然発生するものではなく，次のような条件のもと（虐待環境）で起こりやすくなる。それは，親の感情・気分に支配され，子どもは親の言動を予測できず，家族のなかでだれもかばってくれない状況が繰り返されている環境である。概して，このような家族は，地域・親族との関係も希薄で孤立していることが多い。虐待への視点で大切なのは，行為一つ一つに目を奪われることではなく，子どもを取り巻く環境の全体に目を向けることである。

②児童虐待の歴史

　1962年アメリカの小児科医ケンプ（Kempe, H）が，被虐待児症候群（battered child syndrome）として発表したことに始まり，児童虐待（child abuse）や不適切な養育（maltreatment）として，医学や児童福祉の世界で注目されるようになった。

③児童虐待の関係法令

　児童福祉法は1947年に制定され，保護者の子どもに対する虐待の禁止をうたっていたが，子どもは親の所有物としての社会通念や，法律的な親権の壁に阻まれていた。しかし近年，児童虐待が表面化し社会問題となったために児童福祉法を強化する必要に迫られ，2000年11月20日に「児童虐待の防止等に関する法律」（以下，虐待防止法）が施行された。とくに，児童生徒に深くかかわる学校の教職員などに早期発見に努めることと，すみやかな通告の義務が明記された。また，その後の改正により，児童と同居する配偶者に対する暴力的言動（DV）も，子どもに対する虐待行為と規定された。

参考文献　厚生労働省「平成18年度　児童相談所における児童虐待相談対応件数等」『平成18年度　社会福祉行政業務報告』2007年

図：全国の児童相談所における児童虐待相談対応件数（厚生労働省）

平成	2年度	3年度	4年度	5年度	6年度	7年度	8年度	9年度	10年度	11年度	12年度	13年度	14年度	15年度	16年度	17年度	18年度
件数	1,101	1,171	1,372	1,611	1,961	2,722	4,102	5,352	6,932	11,631	17,725	23,274	23,738	26,569	33,408	34,472	37,323

④虐待行為の4分類

・身体的虐待（physical abuse）：「児童の身体に外傷が生じ，または生じるおそれのある暴行を加えること」で，殴る，蹴る，縛る，首を絞める，熱湯をかける，溺れさせる，異物を飲ませるなどの行為。

・性的虐待（sexual abuse）：「児童にわいせつな行為をすることまたは児童をしてわいせつな行為をさせること」で，子どもへの性交，性的行為の強要，ポルノグラフィの被写体にするなど。

・ネグレクト（neglect）：「児童の心身の正常な発達を妨げるような著しい減食または長時間の放置その他の保護者としての監護を著しく怠ること」で，栄養不良，不潔，怠慢や無関心による病気の発生や医療を受けさせない，家に閉じ込める，安全への配慮を怠るなど，保護の怠慢・拒否の行為。

・心理的虐待（emotional abuse）：「児童に対する著しい暴言または著しく拒絶的な対応，児童が同居する家庭における配偶者に対する暴力・暴言などで，児童に著しい心理的外傷を与える言動を行うこと」で，言葉による脅かし，無視や拒否的態度，著しい差別的取扱いと，児童の前での夫婦（同居人も含む）間暴力（domestic violence）。

※「　」内は虐待防止法の法文に基づき，筆者が一部簡略化している。

⑤虐待相談対応件数と内容

　全国の児童相談所（195か所）での対応件数は，平成18年度37,323件で，厚生労働省が統計をとり始めた平成2年度（1,101件）を1とすると約34倍と増加の一途である（表参照）。さらに，現在の法律では，第一義的虐待相談・通報先を市町村の相談窓口としているので，児童相談所で対応するまでもない軽微な事例件数がこれに加わる。

参考文献　辻隆造「幼児虐待・児童虐待」國分康孝監修『現代カウンセリング事典』金子書房，2001年，323頁

平成18年度の虐待内容は，分類別では，身体的虐待（41.2％），ネグレクト（38.5％），心理的虐待（17.2％），性的虐待（3.1％）で，例年ほぼ同じような割合である。また，虐待をしているのは，実母（62.8％），実父（22％）であり，この傾向も大きな変化はない。被虐待の子どもの年齢は，小学生（38.8％），3歳〜学齢前（25％），0歳〜3歳未満（17.3％），中学生（13.9％），高校年齢（5％）であり，統計的に例年同様な状況である。

⑥学校での対応と指導目標

　児童生徒の態度や行動の変化に最も気づきやすい立場の教師は，日ごろからささいな子どもの変化に注意を払うことが必要である。そして，変化に気づいた教師だけで対応することなく，そのための学校組織としての手だてを決め，必要と判断した場合や判断に躊躇したときは，迷わずに外部機関と連携を図ることである。

●──予防の方法と実際

①不適切な養育（maltreatment）と子どもの行動

　子どもが不適切な養育環境や虐待環境下にさらされると次のような行動特性を示すので，日ごろから注意深く観察することが必要である。それは，だれに対してもなれなれしい・だれとも親密になれない（愛着障害），見捨てられるのではないかという不安，大人をためす行動（虐待経験の再現），自傷行為，暴力行為などである。

②学校での様子の変化

　児童生徒の次のような行動や様子の変化に注意を払うことが大切である。低身長・低体重，不潔・衣類の汚れ，不自然なけがや火傷，食べ物へのこだわり，攻撃的・反抗的でいながら担任を独占したがる，忘れ物や欠席が多い，おびえた表情や態度を見せる，放課後も帰宅したがらないなどである。

③保護者の状況

　虐待は，ほとんどが家庭内で発生するので，保護者の養育能力がその要因として大きく関係する。保護者の状況としては，知的・精神（人格）的問題，夫婦関係，経済状態，地域・親族とのかかわりなどを考える必要がある。

④家庭を取り巻く状況の変化

　子どもは家庭にあらゆる点で依存しており，家庭の状況変化に敏感に反応する。親に余裕がない状況では，子どもの依存的な態度はむしろ親をいら立たせ，親の不満のはけ口の対象となることがあり，家庭周辺の変化の影響は大きく作用する。

　家庭状況の変化の情報は，ほかの児童生徒のなにげない会話やほかの児童生徒の保護者，地域の民生児童委員からの情報が参考になる。

参考文献　辻隆造「虐待が疑われる」國分康孝・國分久子監修『育てるカウンセリングによる教室課題対応全書4．非社会的な問題行動―無言で支援を求める子ども―』図書文化社，2003年，148-149頁

⑤子どもの発達上の問題や問題行動

　児童生徒の乳幼児期からの発達問題の有無の情報は重要である。とくに，障害とわかりにくい軽度発達障害（軽度知的障害，高機能自閉症，学習障害，注意欠陥多動性障害など）は，親が長年対応に苦労している可能性がある。また，親を悩ますような行動上の問題も長い間改善がなされないと，親子の関係悪化を招く要因となる。

⑥担任への情報提供・情報交換と共有

　学校内外での児童生徒の情報は，担任に伝えることで集約するのがよい。日ごろから情報の交換と共有を図っておくことが，対応を迅速にすることにつながる。

●──介入の方法と実際

①学校での対応

　大切なのは，担任が一人で抱え込まずチームアプローチを心がけることである。情報に基づいて判断が必要なときは，養護教諭や上司も交えて，学校組織での協議が望ましい。当面の判断として，とりあえず担任が保護者と面談するのがよいのか，上司なども同席するのか，または，他機関への連絡も必要なのかを決めることである。また，児童生徒に直接事情を聞くときには複数で当たり，女子児童生徒への対応は，養護教諭（身体的虐待，性的虐待が疑われる場合は必ず同席）や女性教師が対応する。他機関への連絡が必要との学校の判断（校長の判断を仰いで）が出たときは，速やかに市町村の相談窓口へ連絡し，必要に応じて教育委員会も交え，児童相談所との協議も考慮することが必要である。

②機関との連携による対応

　保護者が学校の連絡にまったく応じず，子どもの福祉が著しく脅かされていることが懸念されたり，生命に危険が及ぶ事態が予測される場合は，迷うことなく外部の専門機関との連携を行う必要がある。また，連携を強化するためには，市町村単位で組織されている，要保護児童対策連絡協議会との情報交換が重要である。

③保護者への介入と留意点

　学校は，児童生徒を教育・保護する責務から，子どもの行動や不自然なけがを保護者に確認する必要がある旨の理解を得たうえで面談し，日ごろの家庭での様子を聞くことを中心にして，親を責めたり，追及する姿勢で臨まないように心がける。

　ほとんどの保護者は子育てに悩んでおり，教育（子育て）相談的対応に導くことが大切である。教育相談で解決が困難と思われる場合，具体的に相談機関を紹介したり，相談に付き添うなど，家庭内の問題を公にすることへの抵抗をできるだけなくすように手助けすることも必要である。

［辻　隆造］

参考文献　神奈川県『子ども虐待防止ハンドブック』神奈川県児童相談所，2006年

危機対応・危機介入

危機対応の課題は，生徒指導領域の児童生徒の問題行動（予防・緊急対応・事後指導・再発防止など）に限らず，生命にかかわるその他諸々の危機的問題の発生が想定され，危機介入や心のケア等を含む多様な危機対応が問われるとの認識が必要である。

●──危機とは何か

　危機（crisis）は，ギリシャ語のクリシス（krisis）がその語源で，重大な事態がよい方向へ向かうのか，逆に悪い方へ向かうのかのわかれ目となる重要な「分岐点」を意味する。つまり，危機はその語源が示すとおり，生死にかかわるきわめて危険な状態を意味すると同時に，その危機を克服することによって，よい方向へ転換する機会（チャンス）の意も含んでいる。それ故に，危機の被害を最小限に食い止めて，事態が好転するチャンスとして活かすためにも，教職員と保護者および地域が連携し，児童生徒にかかわるあらゆる危機への予防的かつ緊急の対応に重点をおいた積極的な取組みが期待される。

(1) 危機の発生要因

　危機は，予期せぬ重大な事件・事故や災害，病気等によって引き起こされる問題解決上の危機的状況のみに限定されない。子どもたちは，次のような多様な情緒的危機へ遭遇する可能性がある。

①**問題解決上の危機**：事件，事故，災害，病気等，予期せぬ問題によって生じた悩みや不安がもたらす精神的混乱状態。

②**人生における過渡期の危機**：きょうだいの誕生，新入学，転校，転入学，卒業，転居，別居等，予想される生活上の変化だが，それを乗り越え再適応するための不安定な事態。

③**成熟上・発達上の危機**：乳幼児期の分離不安，思春期・青年期の自立と依存の心理的葛藤，性同一性の混乱等，発達上の人生課題を達成するための心理的葛藤事態。

④**トラウマ（心の傷）となるストレスによる危機**：死や離婚による喪失体験，いじめ，虐待，不安や恐怖体験等，過去の傷つき体験（トラウマ）によってもたらされる，抑制できないストレス事態。

⑤**精神病理によって引き起こされる危機**：精神的な病や薬物中毒等が原因で精神的混乱状

参考文献　上地安昭編著『教師のための学校危機対応実践マニュアル』　金子書房，2003年

第7節●危機対応・危機介入

図1：児童生徒にかかわる危機のレベル

個人レベルの危機
不登校，家出，受験の失敗，非行，虐待，性的被害，家庭崩壊，保護者の失業，両親の離婚，別居，自殺（企図），病気，家族内の不幸な出来事（事故・事件・病気・死亡等）等。

学校レベルの危機
いじめ，学級崩壊，校内暴力，器物損壊，体罰，校内事故，校内自殺，集団薬物乱用，感染症（集団インフルエンザ等），食中毒，保護者間および保護者と学校間のトラブル，学校の統廃合等。

地域社会レベルの危機
殺傷事件，自然災害（大震災），火災（放火），環境汚染（公害），誘拐・脅迫事件，窃盗・暴力事件，IT被害，教師の不祥事等。

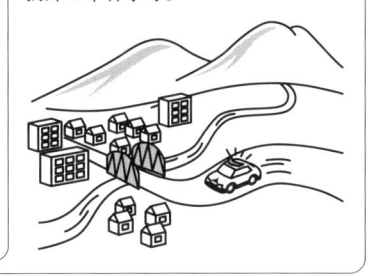

態に陥り，正常な精神機能が損なわれ，正常な人間としての責任が果たせない危機的事態。

(2) 児童生徒にかかわる危機の実態

児童生徒にかかわる危機の内容は多様である。それぞれの危機の対象によって，便宜的に3つのレベルに分類することが可能である（図1参照）。子ども自身がおもに個人的に体験する「個人レベルの危機」と，学級や学年および学校全体が直面する「学校レベルの危機」，そして学校を越えて地域社会を巻き込む「地域社会レベルの危機」の3つである。危機への適切な対応としては，それぞれの危機レベルに応じた対策を講じる必要がある。

個人レベルの危機へは，教職員と専門家等による子ども本人と家族への個別的危機対応の支援が求められる。学校レベルの危機に対しては，学校の教職員が中心となり，児童生徒，保護者，さらに専門家を含めた学校全体の協力体制のもとでの危機対応を講ずる必要がある。地域社会レベルの危機の場合は，学外の危機救援の関係機関や地域社会の人々との迅速な連携のもとに支援を要請し対応することが望まれる。

●──危機対応

危機対応は，危機発生の事前と発生時および事後の三段階に分けて対策を講じる。ここでは，とくに子どものメンタルヘルスに関する危機対応に焦点化して概説する。

(1) 危機事前対応

あらゆる危機の発生を事前に想定し，危機の発生を未然に防止するための予防的対策。

参考文献 上地安昭・中野真寿美訳『学校の危機介入』金剛出版，2000年

・「命の大切さ」を実感させる「生きる力と心の教育」の体験的授業を全校児童生徒へ継続的に実施する。
・「生徒指導やカウンセリング」「救命処置や応急手当」「心のケア」等の技術的力量を高めるための教職員研修を充実し定期的に実施する。
・担任や養護教諭を中心に保護者や友人からの情報を得ながら，個々の子どものメンタルな問題の早期発見に努める。
・個別相談活動に重点をおき，気になる子に対する個別の早期対応を実行する。
・つねに地域の精神保健センター等の専門機関との綿密な連携を図り協力態勢を整備する。

(2) 危機発生時対応

　危機発生直後に危機の被害を最小限にくい止め，迅速に危機を解決し，危機以前の安全な状態を早期に回復するために講ずる緊急の対策である。
・危機に直面している児童生徒へ緊急の対応策を選択し即実行する。
・当該児童生徒の精神的混乱（不安や恐怖心等）を静めるための応急的な心のケアを行う。
・地域の専門機関（専門家）の支援を必要とするケースの場合は，児童生徒の保護者へ緊急連絡し紹介ないし搬送する。
・当該児童生徒および家族のプライバシーの保護に細心の注意を払ったうえで，教職員間の情報の共有化を図る。
・周囲の子どもたちの動揺を判断し，動揺を静めるための適切な対応を心がける。

(3) 危機事後対応

　危機がいちおう治まった段階で，危機を完全に解決ないし克服するための中長期的な対策を含め，二次的被害や危機の再発防止へ向けての対策，さらには危機の体験を通して得た教訓を生かした危機教育活動等である。

●──危機介入（クライシス・インターベンション）

　危機介入とは，危機に直面し，当事者のみの力では解決できない危機的状況において，迅速かつ即効的対応により，危機を回避ないしその被害を最小限にくい止め，その後の適応を図るための，専門の危機コーディネーターやカウンセラー等（第三者）による援助的かかわりである。

　通常の生活において，多くの子どもたちは日常の問題へ対応することが可能である。しかし，あるストレスによって，心が脅かされると，どんな子どもでも一時的に情緒的バランスがくずれ不安症状を表す。通常はコーピング・メカニズム注を働かせることによって精神的安定を回復するのが一般的である。しかし，その予期せぬストレスが強烈な場合に

注：コーピング・メカニズムとは「ストレスや危機等の困難な事態への対処機制」のことである。

図2：危機対応の三段階

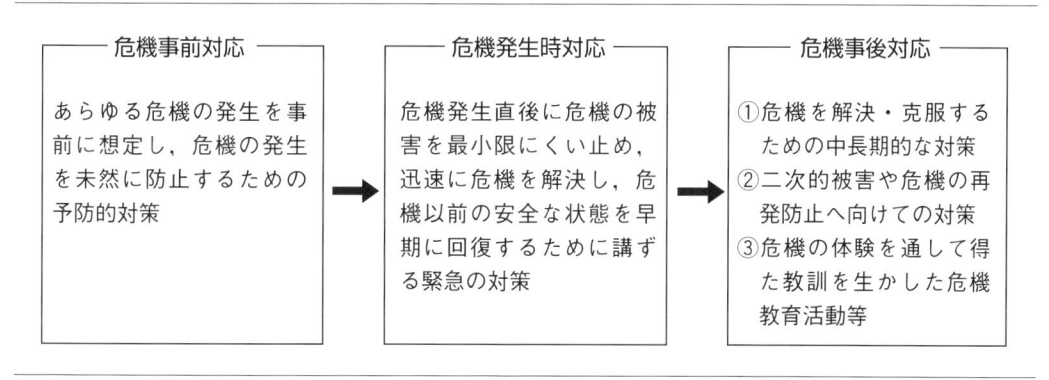

危機事前対応	危機発生時対応	危機事後対応
あらゆる危機の発生を事前に想定し，危機の発生を未然に防止するための予防的対策	危機発生直後に危機の被害を最小限にくい止め，迅速に危機を解決し，危機以前の安全な状態を早期に回復するために講ずる緊急の対策	①危機を解決・克服するための中長期的な対策 ②二次的被害や危機の再発防止へ向けての対策 ③危機の体験を通して得た教訓を生かした危機教育活動等

は，即時に効果的なコーピング・メカニズムが機能せず，極度の混乱に陥ってしまう危険性が高い。このような危機的事態において専門家による危機介入の援助が求められる。

(1) 危機介入技法の基本的原則

危機介入技法の基本的原則として，次の5点があげられる。

①無力感や不安感といった危機に対する子どもの反応は正常である，との立場で対応する。
②早急に子どもが危機以前の状態を回復することに焦点化した技法を即座に実施する。
③治療や介入は基本的に短期間（約5～6週間）で，その期間内に援助を繰り返し行う。
④専門家に対する依存が長期的に継続しないようにする。教職員や家族，地域の支援を利用するように勧める。
⑤危機体験直後の専門家による緊急の危機介入は最も効果的であり，PTSD（心的外傷後ストレス障害）の発症を防止する有効な技法である。

(2) 危機カウンセリングの技法

PTSDを防ぐための危機介入の技法は伝統的な心理療法技法ではなく，短期の危機カウンセリング技法が用いられ，次のプロセスですすめられる。

①情報の収集と即時のアセスメントを行い，緊急対応へ着手する。
②当該児童生徒（クライエント）との信頼関係と安心・安全感の確保に努める。
③不安，恐怖，悲嘆，怒り等の情緒表出を促進する。
④傾聴に徹しクライエントの内面的苦悩の言語化を促し理解を促進する。
⑤共感的に対応しクライエントの苦悩を共有する。
⑥回復への希望と信念を育むためのクライエントへの勇気づけを心がける。
⑦身近な支援者である保護者や教職員との連携のもとに支援の移譲を図る。

［上地安昭］

参考文献 上地安昭編『「学校の危機管理」研修』（学校の研修ガイドブック No.6）教育開発研究所，2005年

結　語

　私が本書の編者を引き受けたのは，本書に込められた八並光俊教授の構想に賛同したからである。その構想を，私は次のように解釈した。

　学校では，いまでも「カウンセリングルームに行くな」と生徒をたしなめる教師がいると聞く。これは，カウンセリングは子どもを甘やかす教育であるとの考えに由来していると思われる。例えば，「学校に行く行かないは君の自由だ」とカウンセラーが応じたと聞くと，生徒指導担当の教師は抵抗を起こす。あるいは，「非行少年は苦手です。ノイローゼ少年なら引き受けるのですが……」と答えるカウンセラーがいる。これでは戦力にならない。教師はそう思う。

生徒指導とカウンセリングの統合

　本書は，カウンセリングの原理と方法を生かした生徒指導（ガイダンス）を唱えている。アメリカのスクールカウンセリングが，そのわかりやすい例である。

　アメリカでは当初，生徒指導担当教員をガイダンス・ワーカーといっていた。やがてカウンセリングとガイダンスが融合して「スクールカウンセリング」に発展した。アメリカのスクールカウンセラーの日本版が教育カウンセリングをはじめとする，いわゆる準スクールカウンセラーである。

　現今の日本の学校では「生徒指導」と臨床心理学志向の「スクールカウンセリング」が併立している。この併立をアメリカのように一本化してはどうかという提唱が本書に込められている。私はそう解釈している。生徒指導は教育である。それゆえその担当者は教育者"professional educator"である。治療者ではない。

　本書に込められた第2の提唱がある。これまでの生徒指導は子どもの問題行動への対処志向が強かったと思われる。すなわち後追いの生徒指導であった。本書で示す生徒指導は問題行動の予防と人間成長の促進・開発にウエイトをおくものである。いわゆる「治す生徒指導」から「育てる生徒指導」へという方略の違いを提唱している。

育てる生徒指導の提唱

　では，育てる生徒指導の特長は何か。それは3つある。1つは子どもの心理的病理ではなく発達課題を対象としていることである。すなわち，「academic development：学業」「career development：進路・生き方」「personal development：自立」「social development：人間関係」「health development：心身の健康」である。

　第2の特長は，インドアでの指導（相談室などでの個別面接方式）よりもアウトドアで

の指導（学級などでのグループアプローチ）に重点をおくことである。これが心理カウンセリングとの相違である。グループ体験が人を育てるという発想が本書にはある。したがって生徒指導担当者は傾聴面接の能力だけでなくリーダーシップの能力が不可欠となる。

育てる生徒指導の第3の特長は、プログラム（ガイダンスカリキュラム）を展開することにある。いわば、授業に似た形態になる。すなわち、ワークショップ方式のグループ指導というイメージである。例えば、「構成的グループエンカウンタープログラム（日本教育カウンセラー協会）」「人間関係プログラム（さいたま市教育委員会）」「社会性を育てるスキル教育（清水井一ほか：図書文化）」「非行予防エクササイズ（押切久遠：図書文化）」「エンカウンターを生かした保健学習（酒井緑：図書文化）」などがその例である。

技法上の諸問題

本書の特色は上述のとおりであるが、これを展開するときに必要なスキルが6つある。本書を企画するときに、なるべくそれらを組み入れるように配慮した。

「リレーションづくりのスキル」「アセスメントのスキル」「ストラテジー（方略）を立てるスキル」「インターベンション（介入・対応）のスキル」「インストラクション（ねらい，ルールなどの説明）」「シェアリングを促進するスキル」である。

これらのスキルを生徒指導の必要上学習すると、教科指導のスキルも向上するし、教師の自己主張能力、自己開示能力も育つという副次的効果もあるようで、これは今後の実証的研究に期待したい。

今後の課題

編者として今回積み残したトピックスが2つある。あと10年ほどすれば、アメリカと同じように日本の生徒指導はスクールカウンセリングへと発展するだろうと思う。そのときに浮上させるべき問題が2つあるという意味である。

スクールカウンセリング（＝生徒指導）を支える学問として、カウンセリング心理学、学校心理学、キャリア心理学、リハビリテーション心理学が活発化すると思われる。それゆえ、これらの学問の活用法と限界を研究すること。もう1つは、「リサーチ（研究法）」を常識化することである。いわゆる、エビデンス・ベースト・アプローチがプロフェッショナル教育者の支えのひとつになるべきだからである。

平成20年8月

國分康孝　Ph.D.
NPO日本教育カウンセラー協会会長
東京成徳大学副学長

さくいん

◆◇あ◇◆

アイスブレーキング　65
アイメッセージ　124
アイネス　119
アカウンタビリティ　13
アサーションスキルトレーニング　79
アセスメント（見きわめ）　13, 32, 114, 136
　　学校のアセスメント　34
　　家庭のアセスメント　34
　　個人のアセスメント　34
　　時系列アセスメント　34
　　地域のアセスメント　34
アドボカシー　13
アメリカスクールカウンセラー協会　58
アメリカの学校組織　20
アメリカのスクールカウンセラー　20
いきいきちばっ子思いやりプラン　72
生きる力　23
意思決定スキル　58
いじめ　136
インフォメーション　13
ウィネス　119
APEX　39
ASCAナショナルモデル（カウンセリング・スタンダード）　25
AQ児童用（日本語版）　52
エコマップ　109
エビデンス・ベースの授業モデル　75
エンカウンター　78
援助交際　148
援助資源　34・106
援助プロセス　106
OECDコンピテンシー定義選択プロジェクト（DeSeCo）　22

◆◇か◇◆

解決構築　97
解決構築力　96
解決資源　97
解決焦点化アプローチ　96, 97
ガイダンスカリキュラム　13, 25, 56, 77
ガイダンスプログラム　56
ガイドライン　134
介入　155
介入調整　125
開発的カウンセリング　86, 90
開発的生徒指導　16
カウンセリング　10, 13
カウンセリング心理学　14
カウンセリングの三制限　93
学業的コンピテンシー　22
学習指導要領とコンピテンシー　23
学習スタイル　52
学習ルール　122
学級集団のアセスメント　44
学級集団の状態　44
学級崩壊　46
学校心理学　14
学校ソーシャルワーク　14
学校と福祉をつなぐ専門家　114
学校の教育課程　68
学校評価ガイドライン改訂版（文科省, 2008）　24
学校モデル　94
学校レベルの危機　157
家庭への危機介入　93
環境的要因　34
環境の改善　52
関係機関との連携★　84
観察学習　77
感情についてのスキル　74
危機介入（クライシス・インターベンション）　156, 158
危機介入技法　159
危機カウンセリングの技法　159
危機管理　104
危機事後対応　158
危機事前対応　157
危機対応　156
危機発生時対応　158
「聞くこと」の学習ルール　123

注）★の項目は，本文中に同一の表現は出現しないが，相当する内容について記述されている部分があることを示している。

疑似体験　80
毅然とした態度　135
基礎的コンピテンシー　28
機能的行動　120
規範意識　132
基本3体験　62
義務教育の構造改革に関する答申（中教審，2005）　24
虐待行為　153
虐待防止法　152
キャラクターエデュケーション（人格形成教育）　72
キャリア発達　27
キャリア発達課題　28
Q-U　45，81
教育カウンセリング　14
教育支援センター　140
教育相談コーディネーター　112
教育相談のための綜合調査Σ（シグマ）　36，39
教育的ニーズ　51，112
教育相談データベース　39
教護院　30
規律指導　134，135
緊急支援チーム　106
苦情への対応のあり方　116
虞犯少年　100
クリティカル・シンキング（批判的思考）　74
グループアプローチ　124
K-13法　47
ケース会議　113
現実原則　98
行為責任　147
構成的グループエンカウンター　79，120
構造化された開発的な授業　25
行動連携　108
コーチング　91
コーディネーション　13
コーディネーション委員会　110
コーディネーター　110
心の掟　146
心のケア　156
心のブレーキ　145
個人的コンピテンシー　22
個人の要因　34

個人レベルの危機　157
個性化　118
個性の伸張　12
子育てネットワーク　129
個別援助計画　107
個別カウンセリング　57
個別計画　57
コミュニケーション・スキル　74
コミュニケーション能力　80
コンサルテーション　13
コンピテンシー　22

◆◇さ◇◆

罪悪感　151
作戦会議　47
察知能力　86
サポート　88
サポートグループ　128
サポートチーム　106，108
シェアリング　121
シェアリング調整　125
ジェノグラム　109
自覚　19
時間制限カウンセリング　94
自己開示　126，127
自己啓発的行動　120
自己決定　151
自己効力感　96
自己実現　18
自己指導力　134
自己主張スキル　74
自殺の危険因子★　84
支持的風土の醸成　65
自助資源　34，106
自信　96
システムサポート　57
自損性　100
実践的マニュアル「信頼ある学校を創る」　116
指導基準　133
児童虐待　152
指導者自己開示　125
児童自立支援施設　30
指導体制　133

163

指導台本のサンプル　76
指導の画一化　121
自分を大切にする能力（個人的コンピテンシー）
　　74
社会化　118
社会性　98
社会性を育てるスキル教育　66
社会的コンピテンシー　22
社会的自己実現　17
社会的な資質　12
社会的自立　132
主幹教諭　103
授業　122
授業台本　75
出席停止　130
出席停止措置　133
小1プロブレム　130
情緒的支援の活用　123
少年犯罪の発生率　100
少年非行　100
少年法　100
情報安全　104
触法少年　100
侵害性　100
人格発達のための指導の状況　24
シングルセッション　97
シングルセッションセラピー　94
心理教育的アセスメント　34，50
心理的居場所　118
スキル育成プログラム　59
スキル教育　66
スクールカウンセラー　56
School To Career　16
スタディスキル　58
静的アセスメント　38
生徒指導　16
生徒指導機能論　12
生徒指導主事　103
生徒指導体制　102
生徒指導で育てたいコンピテンシー　24
生徒指導の原点　13
生徒指導のコンピテンシー　74
生徒指導の手びき　12，15
生徒指導の手引　12，15

生と性の教育　150
生徒理解　32
性犯罪　149
性非行　148
セルフ・コントロール　74
ゼロトレランス　61，132
専門的援助サービス論　13
相互交流　127
相互作用　19
ソーシャルスキルトレーニング　79
即応的サービス　57
即戦的コンピテンシー　28

◆◇た◇◆

対教師指導無視・暴言　144
体系的指導プログラムの作成と実践　72
体験活動　67
対人コミュニケーションスキル　58
対比的ロールプレー　77
タイプ分けチェックリスト　143
達成感　96
田中ビネーⅤ　51
ダブルロール　10
段階的規律指導（プログレッシブディシプリン）
　　132，133
地域社会レベルの危機　157
チーム援助　84，106，111
チーム援助会議　107
チームサポート　106
チーム支援　89，112
チーム対応　136
千葉県のガイダンスカリキュラム　72
チャンス面談　92
中1ギャップ　130
懲戒処分　130，133
調査票 LDI-R　52
直接教授モデル　75
直接体験　80
ティーチング　91
定期面談　92
データベース　39
適応指導教室　140
登校刺激　142

登校しぶり　88
特別支援教育　50
トランジッション　13

◆◇な◇◆

内省性（レフレクティヴネス）　23
内省的に思考し行動する能力　23
二極化傾向　61
日本版 K-ABC　51
日本版 WISC-Ⅲ　51
日本版 DN-CAS　51
人間関係形成能力　60
人間関係プログラム　78
人間関係プログラム効果測定尺度　81
認知機能検査　51
認知的制御　145
粘り強い指導　135
年度当初の指導　122

◆◇は◇◆

バーコビッツの不快情動説　145
パーソナルプラン　18
HRT プログラム　78
配置型　115
hyper Q-U　45
派遣型　115
「発言すること」の学習ルール　123
発達障害　50
犯罪少年　100
ピア・サポートの授業　74
ピアプレッシャー　61
PTA　80
PTA 連絡協議会　80
美化ボランティア　129
非行少年　10
PISA 査定プログラム　22
批判的思考（クリティカル・シンキング）　23
評価的支援　124
福祉ボランティア　129
不登校　140
不登校の全体像　140
プランニング　114

ぶれない指導　134
プロアクティブな（育てる）生徒指導　16，35
分析的アセスメント　38
分離不安　95
暴力行為　144
暴力行為（いじめ）予防エクササイズ　146
暴力行為の事実確認　147
暴力行為の流れ　145
暴力行為への具体的な対応例　147

◆◇ま・や・ら・わ◇◆

まとめプリント　76
周りの人を大切にする能力（社会的コンピテンシー）　74
3つの基本ルール　64
3つのシェアリング　64
3つの明確化　64
見守る　87
メタ認知スキル（思考についての思考）　23
モンスターペアレンツ　126
問題解決スキル　58，74
問題解決チーム　106
問題解決的カウンセリング　89，90
問題解決的生徒指導　17
有能感　96
豊かな人間関係づくり　24
豊かな人間関係づくり実践プログラム　73
要保護性　100
予防　154
予防的カウンセリング　87，90
予防的生徒指導　17
ライフスキル訓練　25
リアクティブな（治す）生徒指導　17，35
リスクアセスメント　35
リスニング　91
リソース（資源）　93
リフレーミング　121
リレーション　49
ルール　49
ロールプレイング　78
YSR（日本語版）　52
ワンネス　119

■執筆者■

八並　光俊（第1章第1・2節，第3章第1・2節，第4章第1節，第6章第2節）（東京理科大学教授　文部科学省視学委員）

諸富　祥彦（第1章第3節）（明治大学教授）

中野　良顯（第2章第1・2節，第4章第4節）（NPO教育臨床研究機構　なかよしキッズステーション理事長）

仙﨑　武（第2章第3節）（文教大学名誉教授）

河村　茂雄（第3章第3節）（早稲田大学教育・総合科学学術院教授）

今田　里佳（第3章第4節）（信州大学准教授）

犬塚　文雄（第4章第2節）（横浜国立大学教授）

清水　井一（第4章第3節）（上尾市立西中学校校長）

岡田　弘（第4章第5節）（東京聖栄大学准教授）

大友　秀人（第5章第1節）（青森明の星短期大学教授）

嶋﨑　政男（第5章第2節，第6章第1・3節）（立川市立立川第一中学校校長）

栗原　慎二（第5章第3節）（広島大学大学院教授）

市川　千秋（第5章第4節）（皇學館大学教授）

飯野　哲朗（第5章第5節）（静岡県立川根高等学校教頭）

家近　早苗（第6章第4節）（聖徳大学講師）

石隈　利紀（第6章第4節）（筑波大学教授）

及川　利紀（第6章第5節）（神奈川県立総合教育センター副主幹兼指導主事　横浜国立大学客員教授）

中野　澄（第6章第6節）（大阪府教育委員会児童生徒支援課主任指導主事）

片野　智治（第7章第1節）（跡見学園女子大学教授）

水上　和夫（第7章第2節）（富山県南砺市立城端小学校校長）

藤川　章（第7章第3節）（杉並区立中瀬中学校校長）

藤平　敦（第8章第1節）（国立教育政策研究所生徒指導研究センター総括研究官）

三好　仁司（第8章第2節）（国立教育政策研究所生徒指導研究センター総括研究官）

小澤美代子（第8章第3節）（千葉大学大学院教授）

朝倉　一隆（第8章第4節）（広島県教育委員会学校経営課総括指導主事）

齋藤美由紀（第8章第5節）（広島県立教育センター特別支援教育・教育相談部長）

辻　隆造（第8章第6節）（鶴見大学短期大学部非常勤講師）

上地　安昭（第8章第7節）（武庫川女子大学教授）

村尾　泰弘（コラム）（立正大学教授）

高原　晋一（コラム）（敬愛大学カウンセラー）

小林　英義（コラム）（秋田大学教授）

新井　肇（コラム）（兵庫教育大学大学院教授）

相原　佳子（コラム）（野田・相原・石黒・佐野法律事務所弁護士）

中條　郁（コラム）（京都府乙訓教育局局次長）

杉元　羊一（コラム）（鹿児島県教育庁生徒指導監）

2008年8月20日現在

■編集者■
八並　光俊　やつなみ　みつとし
東京理科大学理学部第一部（教職課程担当）・大学院理学研究科理数教育専攻・教授ならびに文部科学省視学委員。専門は、生徒指導・スクールカウンセリング。日本生徒指導学会理事・事務局長，日本教育相談学会調査研究委員，学会連合資格「学校心理士」認定運営機構理事，日本学校心理学会理事，内閣府「少年非行事例等に関する調査研究企画分析会議」委員，文部科学省「教育相談等に関する調査研究協力者会議」委員，OECD「いじめ・暴力国際ネットワーク」国内委員他，著書・論文はチームサポート研究を中心に多数。

國分　康孝　こくぶ　やすたか
東京成徳大学副学長。NPO日本教育カウンセラー協会会長。東京教育大学，同大学院を経てミシガン州立大学カウンセリング心理学専攻博士課程修了。Ph.D.。ライフワークは折衷主義，論理療法，構成的グループエンカウンター，サイコエジュケーション，教育カウンセラーの育成。著訳書多数。

■推薦者■
森田　洋司（大阪樟蔭女子大学学長　日本生徒指導学会会長）

新生徒指導ガイド
開発・予防・解決的な教育モデルによる発達援助

2008年11月1日　初版第1刷発行　［検印省略］
2015年4月20日　初版第4刷発行

編　者……Ⓒ八並光俊・國分康孝
発行人……福富　泉
発行所……株式会社　図書文化社
　　　　　〒112-0012　東京都文京区大塚1-4-15
　　　　　TEL 03-3943-2511　　FAX 03-3943-2519
　　　　　振替 00160-7-67697
　　　　　http://www.toshobunka.co.jp/
印刷所……株式会社　加藤文明社印刷所
製本所……株式会社　村上製本所
装　幀……本永惠子デザイン室

JCOPY〈(社)出版者著作権管理機構　委託出版物〉
本書の無断複写は著作権法上での例外を除き禁じられています。複写される場合は，そのつど事前に，(社)出版者著作権管理機構（電話03-3513-6969，FAX03-3513-6979，e-mail: info@jcopy.or.jp）の許諾を得てください。

乱丁・落丁の場合は，お取りかえいたします。
定価はカバーに表示してあります。
ISBN978-4-8100-8531-0　C3037

生徒指導の考え方から実践まで

生徒指導の考え方と方法

新しい生徒指導の手引き
すぐに使える「成長を促す指導」「予防的な指導」「課題解決的な指導」の具体的な進め方
諸富祥彦著　四六判　本体1,800円＋税

社会性と個性を育てる毎日の生徒指導
犬塚文雄編集　A5判　本体1,800円＋税

「なおす」生徒指導「育てる」生徒指導
飯野哲朗著　國分康孝・國分久子監修　B6判　本体1,700円＋税

育てる生徒指導の実際

クラスでできる非行予防エクササイズ
押切久遠著　國分康孝監修　A5判　本体2,000円＋税

思いやりを育てる内観エクササイズ
飯野哲朗編著　國分康孝・國分久子監修　A5判　本体2,000円＋税

事例で読む　生き方を支える進路相談
飯野哲朗著　A5判　本体1,800円＋税

ガイダンスカリキュラムの実践

ガイダンスカウンセリング
片野智治著　國分康孝・國分久子監修　A5判　本体1,800円＋税

子どもと先生が地域と共に元気になる人間関係学科の実践
人権教育・多文化共生教育をベースにした予防・開発的生徒指導
松原市松原第七中学校区教育実践研究会・西井克泰・新井肇・若槻健編著
森田洋司監修　B5判　本体2,400円＋税

社会性を育てるスキル教育35時間　小学1年～中学3年　全9冊
社会性を育てるスキル教育　教育課程導入編
清水井一編集　國分康孝監修　B5判　本体各2,000円～2,200円＋税

ピア・サポート　豊かな人間性を育てる授業づくり〔実例付〕
中野良顯著　B5判　本体2,200円＋税

アセスメント・コーディネーションのツール

学級づくりのための Q-U 入門
河村茂雄著　A5判　本体1,200円＋税

石隈・田村式援助シートによる チーム援助入門
石隈利紀・田村節子著　B5判 CD-ROM付き　本体2,500円＋税

スクールカウンセラー200％活用術
熊谷恵子編集代表　B5判　本体2,300円＋税

図書文化

※定価には別途消費税がかかります